ALESSANDRO COPPINI
VANNA VIVOLI

articoli scelti da
italia &8 italia

Basilare

edizioni
LA CERTOSA

© Copyright edizioni La Certosa 2005

Edizioni La Certosa - Libri & Co

- Via Silvagni, 27 - 40137 Bologna, tel/fax: 051-6231177
  e-mail: massimosoncini@yahoo.it
- Solomou, 29 - 10682 Atene - Grecia, tel. (0030) 210 3813986

Distribuzione: Alma edizioni s.r.l.
viale dei Cadorna, 44 50129 Firenze - Italia
tel.: 055 476644, fax: 055 473531
e-mail: certosa@almaedizioni.it

I.S.B.N. 88-87600-23-6

I edizione: agosto 2005

Redazione: Gianfranca Stornelli

Responsabile produzione: Labrini Manou
Progetto grafico/copertina: Natalia Tsomi

Questa nuova edizione di articoli scelti raccoglie una selezione di testi pubblicati tra il 1995 e il 2004 sul mensile «Italia & Italia», che da vent'anni offre un valido supporto didattico a chi intraprende lo studio della lingua italiana. Si tratta di articoli legati alla realtà contemporanea, scritti in maniera semplice e chiara, tutti corredati da un dizionario che spiega il significato dei termini più difficili e da una pagina di esercitazioni di vario tipo: domande sul testo, scelte multiple, «vero o falso», test di verifica della competenza linguistica (grammaticale e sintattica).

La precedente edizione, pubblicata nel 1994, presentava articoli di tre diversi livelli di difficoltà (basilare, intermedio e avanzato); questa volta invece abbiamo inserito soltanto testi di livello basilare, riservandoci di dedicare quanto prima un secondo volume a chi ha una conoscenza linguistica più approfondita. Di conseguenza abbiamo variato anche il criterio di suddivisione dei testi che, per una più facile consultazione, abbiamo raggruppato per tema. Il libro risulta pertanto diviso in sei sezioni: *Arte e cultura, Costume, Curiosità, Persone, Società, Turismo e tempo libero.*

Un'altra novità rispetto alla precedente edizione riguarda la presenza delle chiavi per la soluzione degli esercizi.

Speriamo che il nostro lavoro possa servire a stimolare l'interesse di tutti coloro che non si accontentano della solita visione stereotipata dell'Italia.

Buona lettura.

Alessandro Coppini
Vanna Vivoli

ringraziamenti

Gli autori sono grati alle amiche della redazione di "Italia & Italia" che, autorizzando la pubblicazione di uno o più articoli da loro firmati, hanno contribuito alla realizzazione del libro. Un grazie di cuore a: Donatella Palli, Donella Presenti, Annalisa Rossi, Margherita Sanò, Maria Eleonora Sanò, Donatella Sommati.

arte e cultura

Parte I

LE ATTRICI PIU' BRAVE

Vanna Vivoli, gennaio 1998

Chi sono le attrici italiane più brave e popolari? Sofia Loren e Anna Magnani. E poi Gina Lollobrigida, Giulietta Masina, Claudia Cardinale, Monica Vitti, Silvana Mangano, Stefania Sandrelli, Mariangela Melato e Lea Massari. Sono queste le «magnifiche dieci», le attrici che l'Istituto dell'Enciclopedia Italiana (Treccani) ha scelto come prototipi del genio italico della recitazione cinematografica al femminile.

Ad ognuna di loro è riservato un ampio spazio nell'ultimo dei dodici volumi della Piccola Treccani, una versione ridotta, per famiglie, dell'imponente Enciclopedia Italiana. Sofia Loren è considerata la migliore: di lei si ricorda la conquista dell'Oscar a soli 26 anni, nel 1960 con La ciociara di Vittorio De Sica. Il posto d'onore è per Anna Magnani, che è definita «attrice di straordinario temperamento, fra le più sensibili e versatili». Gina Lollobrigida è invece considerata «la diva più rappresentativa del cinema italiano» sulla base della simpatia del pubblico internazionale. Di Giulietta Masina, moglie e spesso musa ispiratrice del grande Federico Fellini, si dice che «ha dato vita con grande talento a un personaggio di donna semplice, fiduciosa, istintiva», e di Claudia Cardinale che «le sue interpretazioni sono state affascinanti, anche grazie alla sua bellezza». Monica Vitti è definita «attrice brillante» e Stefania Sandrelli «attrice di naturale espressività». Di Silvana Mangano, invece, si ricorda la grande popolarità conquistata nel 1949 con Riso amaro. La serie dei volti femminili più noti del nostro cinema si conclude con due attrici che hanno lavorato molto anche in teatro: Mariangela Melato, che è considerata una delle migliori interpreti brillanti, e Lea Massari, definita «intelligente, sensibile e di originale bellezza».

9

rispondiamo sul testo

1. Secondo l'Enciclopedia italiana qual è l'attrice italiana più brava e popolare?
2. Com'è definita Gina Lollobrigida?
3. Con quale film ha conquistato grande popolarità Silvana Mangano?
4. Quali attrici hanno lavorato spesso anche in teatro?

dizionario

ampio: grande, largo
attrice brillante: attrice specializzata nel genere della commedia
concludere: finire
conquistato: ottenuto, raggiunto
imponente: enorme, grandioso
ridotto: concentrato, più corto
temperamento: personalità, carattere forte
volto: faccia, viso

scelta multipla

1. Federico Fellini era sposato con:
a. Anna Magnani
b. Giulietta Masina
c. Silvana Mangano

2. Sofia Loren ha vinto l'Oscar:
a. nel 1970
b. a 26 anni
c. per il film Riso amaro

3. La Piccola Treccani è in:
a. sei volumi
b. dieci volumi
c. dodici volumi

4. Secondo la Treccani Monica Vitti è un'attrice:
a. sensibile
b. brillante
c. istintiva

competenza linguistica

Sostituire le espressioni in parentesi con gli aggettivi possessivi:

1. .... attrici (di noi italiani)

2. .... moglie (di Federico Fellini)

3. .... Oscar (di Sofia Loren)

4. .... recitazione (delle attrici)

5. .... sensibilità (di Anna Magnani)

6. .... figlio (di Claudia Cardinale)

7. .... talento (di Giulietta Masina)

8. .... registi (di Lea Massari)

vero o falso?

v.　f.

☐ ☐　1. Il regista del film La ciociara è Federico Fellini.

☐ ☐　2. Anna Magnani era un'attrice di straordinario temperamento.

☐ ☐　3. L'Enciclopedia Treccani inserisce Virna Lisi tra le dieci attrici italiane più brave e popolari.

☐ ☐　4. Gina Lollobrigida è considerata la diva più rappresentativa del cinema italiano.

riassumere il testo

FESTA DI COMPLEANNO PER «EURIDICE»

Vanna Vivoli, novembre 2000

Lo scorso 6 ottobre l'opera ha compiuto 400 anni. Non è una data convenzionale o indicativa, ma un anniversario effettivo: il 6 ottobre del 1600, nel fiorentino Palazzo Pitti, all'epoca residenza dei Medici, andò in scena l'Euridice di Jacopo Peri, su testo di Ottavio Rinuccini, in omaggio a Maria de' Medici che il giorno prima aveva sposato Enrico IV di Francia. Era la prima opera in musica, o almeno la prima documentata e arrivata a noi nella sua completezza.

Divisa in cinque scene, in una successione di arie e interventi musicali, e con lo stesso Peri nel ruolo di Orfeo, l'opera rappresentava il mito ma con un lieto fine infedele alla trama originale: Orfeo non si gira a guardare Euridice, lei lo segue e tutti e due tornano dal regno dei morti nel mondo dei vivi. Fu un vero trionfo: gli invitati accolsero lo spettacolo «con infinito stupore», come riferiscono le cronache. E forse fra gli altri c'era anche Claudio Monteverdi, a quel tempo al servizio dei Gonzaga come musicista. Sembra che il compositore fosse arrivato a Palazzo Pitti al seguito dei signori di Mantova, invitati alle nozze medicee. «Non a caso nel 1607 andò in scena l'Orfeo di Monteverdi, probabilmente ispirato all'Euridice di Peri» sostiene Piero Gargiulo, membro del direttivo della Società Italiana di Musicologia e del comitato per le celebrazioni del quarto centenario dell'Opera, promosse dal ministero per i Beni e le attività culturali. Tra le tante manifestazioni non poteva ovviamente mancare la riproposta dell'Euridice, che è stata eseguita dall'Ensamble Vocale Strumentale di Albalonga con la regia di Riccardo Massai, nella stessa sala di Palazzo Pitti in cui fu presentata la prima volta.

rispondiamo sul testo

1. Qual è la data convenzionale della nascita dell'opera lirica?
2. In quale circostanza nacque la prima opera?
3. Chi era Claudio Monteverdi?
4. Chi era Maria de' Medici?

dizionario

andare in scena: essere rappresentato a teatro
compiere: finire
lieto fine: felice conclusione di una storia
infedele: non conforme (corrispondente) all'originale
mancare: non esserci
nozze: matrimonio
séguito: gruppo di persone che accompagna un personaggio importante
sostenere: affermare, dichiarare
trama: soggetto di un'opera narrativa, teatrale o cinematografica

scelta multipla

1. Ottavio Rinuccini era:
a. il signore di Mantova
b. un musicista
c. uno scrittore

2. L'autore di *Orfeo* è:
a. Riccardo Massai
b. Jacopo Peri
c. Claudio Monteverdi

3. La prima opera fu rappresentata a:
a. Palazzo Pitti
b. Mantova
c. Albalonga

4. L'*Euridice* ebbe un successo:
a. immeritato
b. trionfale
c. centenario

competenza linguistica

Trasformare le seguenti espressioni dal singolare al plurale:

1. Un uomo convenzionale ....

2. Una famosa fiorentina ....

3. Un musicista interessante ....

4. Una moglie infedele ....

5. Un compositore lirico ....

6. Una regista affermata ....

7. Un signore mantovano ....

vero o falso?

v. f.

☐ ☐ 1. La prima opera segue fedelmente la storia del mito di Orfeo e Euridice.
☐ ☐ 2. I Gonzaga erano i signori di Mantova.
☐ ☐ 3. Palazzo Pitti è stato una delle residenze dei Gonzaga.
☐ ☐ 4. Il regista Riccardo Massai ha recentemente riproposto l'Euridice.

riassumere il testo

LA NASCITA DELLA TELEVISIONE ITALIANA

Alessandro Coppini, gennaio 2004

La televisione italiana ha da poco compiuto cinquant'anni. E' nata infatti ufficialmente alle ore 11 di domenica 3 gennaio 1954, quando la Rai, dopo un periodo di sperimentazione durato 15 mesi, ha cominciato un regolare servizio di trasmissioni giornaliere. Questa è la cronaca di quello storico giorno.

Il primo volto ad apparire sui televisori delle pochissime persone che allora ne avevano uno è quello della presentatrice Fulvia Colombo, che pronuncia il seguente annuncio: «La televisione italiana ha iniziato oggi il regolare servizio con l'inaugurazione ufficiale degli studi di Milano, Torino e Roma, trasmessa in telecronaca diretta». Segue la cerimonia di apertura degli studi di Milano e poi di quelli di Roma. Subito dopo le trasmissioni si interrompono, per riprendere alle 14,30 con il programma Arrivi e partenze, diretto da Antonello Falqui e condotto da Mike Bongiorno, personaggio storico della Tv italiana e ancora oggi in attività. Bongiorno, in collegamento dall'aeroporto romano di Fiumicino, propone alcune interviste a personalità importanti di passaggio nella capitale. Arrivi e partenze dura circa un quarto d'ora ed è seguito da un breve programma di intrattenimento musicale, l'Orchestra delle 15 condotto da Febo Conti, e da un film, Le miserie del Signor Travet (1945) di Mario Soldati. Il primo telegiornale, che dura circa mezz'ora, comincia alle 20,45 ed è quasi tutto dedicato all'evento del giorno, cioè all'inizio dell'avventura televisiva. A leggere le notizie non ci sono giornalisti ma due attori, Furio Caccia da Milano e Riccardo Paladini da Roma. Il direttore è Vittorio Veltroni, padre dell'attuale sindaco di Roma. Alla fine del telegiornale viene trasmessa la rappresentazione in diretta di una commedia di Carlo Goldoni, L'osteria della posta, che ha per protagonista Isa Barzizza. Verso le 11 la prima giornata di televisione ha termine.

Il giorno dopo, in un articolo pubblicato sul quotidiano «La Stampa», il grande giornalista Luigi Barzini scriverà queste profetiche parole: «Tra breve l'apparecchio televisivo sarà dovunque, dove ora ci sono le radio: nei bar, nei ristoranti, in tutte le case. La capacità di istruire e commuovere con l'immagine unita alla parola e al suono è enorme. La possibilità di fare del bene o del male altrettanto grande. L'Italia diventerà un Paese solo, un'immensa piazza, dove saremo tutti e ci guarderemo tutti in faccia».

---

rispondiamo sul testo

1. Quando è nata ufficialmente la televisione in Italia?
2. Chi è Fulvia Colombo?
3. Quando è andato in onda il primo telegiornale e chi leggeva le notizie?
4. Come è finita la prima giornata di televisione?

---

dizionario

collegamento: comunicazione, contatto
commuovere: emozionare
compiere: finire
condotto: presentato, animato
durare: continuare, andare avanti
iniziare: cominciare
istruire: insegnare, educare
presentatore/presentatrice: chi conduce uno spettacolo
quotidiano: giornale pubblicato ogni giorno
sindaco: capo dell'amministrazione di un comune
telecronaca diretta: racconto di un evento trasmesso in televisione nel momento in cui avviene
telegiornale: notiziario televisivo
termine: conclusione, fine
trasmissione: programma televisivo o radiofonico
volto: faccia, viso

scelta multipla

1. Fiumicino è un aeroporto di:
a. Milano
b. Torino
c. Roma

2. *Arrivi e partenze* era:
a. un programma con interviste
b. un film
c. una commedia di Carlo Goldoni

3. Il giornalista Luigi Barzini ha scritto parole:
a. dure
b. commoventi
c. profetiche

4. Il primo telegiornale è durato:
a. un'ora
b. un quarto d'ora
c. mezz'ora

competenza linguistica

Completare il seguente paragrafo dell'articolo con il passato prossimo dei verbi in parentesi:

Il primo volto ad apparire sui televisori delle pochissime persone che allora ne avevano uno (essere) .... quello della presentatrice Fulvia Colombo, che (pronunciare) .... un annuncio. (Seguire) .... la cerimonia di apertura degli studi di Milano e poi di quelli di Roma. Subito dopo le trasmissioni (interrompersi) ...., per riprendere alle 14,30 con il programma *Arrivi e partenze,* diretto da Antonello Falqui e condotto da Mike Bongiorno. Bongiorno (proporre) .... alcune interviste a personalità importanti di passaggio nella capitale. *Arrivi e partenze* (durare) .... circa un quarto d'ora ed è stato seguito da un breve programma di intrattenimento musicale.

vero o falso?

v. f.

☐ ☐ 1. Il primo direttore del telegiornale, Vittorio Veltroni, era il padre dell'attuale sindaco di Roma.

☐ ☐ 2. Isa Barzizza era una famosa attrice degli anni Cinquanta.

☐ ☐ 3. Mike Bongiorno era il regista del programma Arrivi e partenze.

☐ ☐ 4. «La Stampa» è un giornale quotidiano.

riassumere il testo

IL LIBRO DEI MUSEI

Vanna Vivoli, settembre 1996

Quanti di voi sanno che il Museo Egizio di Torino è il più importante del mondo dopo quello del Cairo? E quanti sanno che in ogni regione italiana ci sono almeno due musei di tradizioni popolari e in ogni città un museo ecclesiastico? Questo ed altro si impara consultando Il libro dei musei, una guida pubblicata da Adnkronos Libri che cataloga tutti i tremila musei italiani, da quelli più prestigiosi a quelli più piccoli. E' un libro ricco di informazioni e di curiosità: con orari, prezzi del biglietto, indirizzi e numeri di telefono.

Leggendo Il libro dei musei si scopre che ad Imperia esiste il museo della stregoneria, a Belluno quello degli occhiali e a Varese ci sono i musei della bambola e della pipa. Ancona, poi, ha una Gipsoteca per non vedenti, un museo dell'immagine postale, uno della fisarmonica e uno dedicato alle etichette dei vini. A Macerata, invece, c'è l'unico museo italiano dedicato al martello. In Abruzzo, che ha molti musei sulla civiltà contadina, c'è anche il museo del lupo appenninico, con sede a L'Aquila, e quelli del cero e dei confetti a Pescara. A Latina, nel Lazio, troviamo due musei particolari: quello della malaria, che documenta la storia delle paludi pontine, e quello dedicato a Gasbarrone, un famoso brigante del secolo scorso.

Il libro dei musei permette anche di fare una graduatoria regionale. Le Marche, con 150 musei, sono al primo posto nel rapporto tra numero di musei ed abitanti. Invece l'Emilia Romagna è la regione che ne ha di più (245), seguita da Toscana (223) e Lazio (186). All'ultimo posto c'è la Calabria con 51 musei, di cui però solo 35 sono attualmente aperti al pubblico. E, a proposito di musei chiusi, la guida fornisce informazioni dettagliate anche su questo punto. Ci fa sapere che, dei nostri tremila musei, sono ben 425 quelli che non è possibile visitare, per la maggior parte a causa di restauri che possono durare anche dieci anni.

rispondiamo sul testo

1. Dove si trova il più importante museo egizio del mondo?
2. Che tipo di informazioni dà Il libro dei musei?
3. Dove si trova l'unico museo italiano dedicato al martello?
4. Qual è la regione italiana con il maggior numero di musei?

dizionario

bambola: pupazzo vestito da donna o da bambina
cero: grossa candela
confetto: mandorla ricoperta di zucchero cotto
etichetta: cartellino
gipsoteca: luogo che raccoglie statue e bassorilievi in gesso
graduatoria: classifica
martello: strumento per battere, mettere chiodi
palude: terreno depresso e non salubre, di solito ricoperto di acqua e vegetazione
stregoneria: magia

scelta multipla

1. Il museo della stregoneria si trova a:
a. Belluno
b. L'Aquila
c. Imperia

2. A Latina c'è il:
a. museo dei confetti
b. museo della malaria
c. museo del lupo appenninico

3. La regione con meno musei è:
a. la Calabria
b. la Sicilia
c. il Lazio

4. I musei italiani sono circa:
a. tremila
b. cinquecento
c. mille

competenza linguistica

Trovare gli opposti dei seguenti aggettivi:

1. piccolo ....

2. ricco ....

3. molto..

4. scorso ....

5. primo..

6. aperto ....

7. possibile ....

8. maggiore ....

vero o falso?

v. f.

☐ ☐   1. A Varese c'è il museo della bambola.

☐ ☐   2. In Italia non esiste un museo della fisarmonica.

☐ ☐   3. Nel Lazio c'è un museo dedicato a un famoso brigante.

☐ ☐   4. Più di metà dei musei della Calabria sono attualmente chiusi
         al pubblico.

riassumere il testo

Ha aperto a Londra l'Estorick Collection of Modern Italian Art, il primo museo inglese interamente dedicato all'arte moderna italiana. Il museo presenta la straordinaria collezione del sociologo e scrittore americano Eric Estorick (1913-1993), grande appassionato del movimento Futurista e, in generale, dell'arte figurativa italiana del XX secolo. Il nucleo è formato da circa ottanta opere di artisti come Giacomo Balla, Umberto Boccioni, Carlo Carrà, Gino Severini, Ardengo Soffici, Amedeo Modigliani, Giorgio De Chirico, Mario Sironi e Giorgio Morandi.

L'Estorick Collection ha sede a Northampton Lodge, una casa georgiana nel quartiere di Islington. L'edificio, su tre piani, ospita sei gallerie e una biblioteca con duemila volumi dedicati all'arte moderna italiana (fra cui alcuni manoscritti inediti di Filippo Tommaso Marinetti, il fondatore del Futurismo). La Eric e Salomè Estorick Foundation gestirà sia la collezione permanente che le mostre temporanee che saranno allestite ogni sei mesi con opere provenienti da collezioni private.

Eric Estorick era nato a Brooklyn in una famiglia ebrea emigrata dalla Russia. Nel 1946, durante un viaggio in nave dall'Europa agli Stati Uniti, conosce Salomè, figlia di un industriale tessile di Lipsia, e dopo poco tempo la sposa. Nell'ottobre del 1947, durante la loro luna di miele, passano da Milano, dove visitano lo studio di Sironi. «In quell'occasione - ricordava Estorick - comprai centinaia di disegni e tutti i dipinti che potevo stipare nella mia Packard Convertible Roadster Spider». E' l'inizio della passione. Nei primi anni '60 Estorick diventa mercante d'arte a tempo pieno e apre a Londra la Grosvenor Gallery. Il successo, grazie ai suoi contatti in America, arriva subito. Dopo la morte della moglie, Eric regala tutti i dipinti italiani della sua collezione privata alla Fondazione, che oggi è diretta dai figli Michael e Isobel.

17

rispondiamo sul testo

1. Chi era Eric Estorick?
2. Quando ha iniziato a collezionare opere d'arte?
3. Chi dirige oggi la fondazione da lui creata?
4. Che cosa è possibile ammirare nel museo Estorick?

dizionario

allestire: organizzare, preparare
appassionato: amante, fanatico
avere sede: essere situato, trovarsi
fondatore: promotore, creatore
gestire: curare, dirigere
inedito: non pubblicato
interamente: completamente, totalmente
luna di miele: viaggio di nozze
mostra: esposizione
nucleo: parte centrale, parte principale
ospitare: contenere
proveniente: che arriva, che viene
regalare: dare in regalo, donare
stipare: mettere più oggetti possibili in uno spazio molto limitato

1. La famiglia di Eric Estorick era di origine:

a. tedesca

b. italiana

c. russa

2. Il fondatore del Futurismo è stato:
a. Carlo Carrà

b. Ardengo Soffici

c. Filippo Tommaso Marinetti

3. Eric Estorick ha conosciuto sua moglie Salomè:
a. su una nave

b. in treno

c. in Europa

4. Salomè era figlia di un:
a. sociologo

b. industriale

c. mercante d'arte

Completare le seguenti frasi con il passato prossimo dei verbi in parentesi:

1. L'Estorick Collection of Modern Italian Art (allestire) .... già molte mostre.

2. Eric Estorick (nascere) .... a Brooklyn in una famiglia ebrea.

3. Estorick (conoscere) .... sua moglie Salomè nel 1946.

4. Durante la loro luna di miele in Italia (visitare) .... lo studio di Sironi a Milano.

5. In quell'occasione Estorick (comprare) .... centinaia di disegni dell'artista.

v. f.

☐ ☐ 1. Eric Estorick era nato prima della prima Guerra Mondiale.

☐ ☐ 2. Eric e Salomè si sono sposati nel 1946.

☐ ☐ 3. Alla fine degli anni '60 Estorick inaugura a Londra la Grosvenor Gallery.

☐ ☐ 4. Eric Estorick è morto qualche anno prima di sua moglie.

DIECI GIOIELLI ITALIANI PER L'UNESCO

Vanna Vivoli, febbraio 1998

Da qualche mese l'Italia possiede dieci meraviglie in più, ufficialmente segnalate dall'Unesco come patrimonio mondiale: beni preziosi per l'umanità e quindi degni di una speciale protezione. Da Pompei alla cattedrale di Modena, dalle residenze dei Savoia in Piemonte all'Orto Botanico di Padova, dalle Cinque Terre alla Costiera amalfitana: dieci luoghi che vanno ad aggiungersi ai diciassette registrati in circa vent'anni nella prestigiosa lista dell'Unesco. E' un grande onore ma anche una grande responsabilità. Infatti la segnalazione dà diritto alle sovvenzioni previste dalla Convenzione per la protezione del patrimonio mondiale, culturale e naturale, ratificata dalla Conferenza generale dell'Unesco nel '72, ma è soggetta a controlli periodici e può essere revocata se vengono a mancare i requisiti.

A guidare la classifica delle regioni italiane c'è la Campania con tre luoghi segnalati: Pompei e l'area archeologica vesuviana, la Reggia di Caserta e la Costiera amalfitana. Seguono il Piemonte, di cui sono state segnalate le ventidue residenze sabaude (dal Castello del Valentino a Venaria Reale, dal Castello della Mandria alla tenuta di Pollenzo), e la Sicilia, con la Valle dei Templi di Agrigento e la Villa romana di Piazza Armerina. Sono presenti anche la Sardegna, con Su Nuraxi di Barumini, il Veneto, con l'Orto Botanico di Padova, l'Emilia-Romagna, con il complesso monumentale di piazza Grande di Modena (la Cattedrale e la torre Ghirlandina), e la Liguria, con Portovenere, le Cinque Terre, e le isole Palmaria, Tino e Tinetto.

L'Italia è il Paese a cui quest'ultima sessione dell'Unesco ha attribuito il maggior numero di pareri favorevoli, ma si trova in buona compagnia. Sono entrati infatti a far parte della lista complessi monumentali come il centro storico di Tallin in Estonia, la città di Trogir in Croazia, i giardini classici di Suzhou in Cina, i mulini di Kinderdijkelshout nei Paesi Bassi. In tutto 47 nuovi luoghi - tra culturali, naturali e misti - che si sono aggiunti ai 506 di cui era formato finora il patrimonio mondiale ufficialmente segnalato dall'Unesco.

19

dizionario

aggiungersi: unirsi
attribuire: dare
degno: meritevole
mancare: non esserci più
mulino: edificio in cui si produce la farina
parere: opinione, punto di vista
possedere: avere
previsto: contemplato, regolato
ratificare: approvare
reggia: residenza di un re, palazzo reale
requisito: condizione necessaria, titolo
residenza: palazzo, dimora
revocare: annullare, cancellare
sabaudo: di casa Savoia (l'ex famiglia reale italiana)
segnalare: indicare, raccomandare
soggetto a: dipendente da, subordinato a
sovvenzione: aiuto finanziario

rispondiamo sul testo

1. Quanti sono i luoghi italiani segnalati recentemente dall'Unesco come patrimonio dell'umanità?
2. Qual è la regione italiana che ha ottenuto il maggior numero di segnalazioni?
3. In quale regione si trovano le ventidue residenze sabaude segnalate dall'Unesco?
4. Quale città della Croazia è entrata a far parte della lista?

1. La Costiera Amalfitana è in:
a. Liguria
b. Emilia Romagna
c. Campania

2. La segnalazione dell'Unesco dà diritto a speciali:
a. protezioni
b. sovvenzioni
c. attribuzioni

3. A Padova c'è il famoso Orto:
a. Grande
b. Romano
c. Botanico

4. La Convenzione per la protezione del patrimonio mondiale è stata ratificata nel:
a. 1972
b. 1982
c. 1992

competenza linguistica

Associare ogni aggettivo della lista di sinistra con il suo sinonimo di quella di destra:

1. mondiale   a. importante

2. speciale   b. vario

3. prestigiosa   c. universale

4. periodico   d. particolare

5. favorevole   e. regolare

6. misto   f. positivo

vero o falso?

v.   f.

☐ ☐ 1. Nel 1998 i luoghi segnalati dall'Unesco come patrimonio mondiale erano 560.

☐ ☐ 2. Tallin è la capitale dell'Estonia.

☐ ☐ 3. Palmaria, Tino e Tinetto sono tre isole della Liguria.

☐ ☐ 4. Piazza Armerina è famosa per la sua Valle dei Templi.

riassumere il testo

NELLO SCRIGNO DELLE MERAVIGLIE

Alessandro Coppini, settembre 1997

Il 28 giugno, dopo una chiusura durata quasi quattordici anni, è stata finalmente riaperta al pubblico la Galleria Borghese, sede di una delle collezioni d'arte più preziose del mondo. Roma torna così a mostrare con orgoglio uno dei suoi gioielli, nello splendore di un restauro globale che ha restituito alla villa del ricchissimo cardinale Scipione Borghese il suo aspetto originale.

E' stato restaurato tutto. L'elegante struttura architettonica, progettata da Vasanzio nel 1613, ha riacquistato la sua bianca luminosità esterna e le vaste sale risplendono adesso dei tenui colori degli affreschi dei soffitti, dell'oro degli stucchi, del candore del marmo e dell'alabastro delle decorazioni.

La disposizione delle opere non è cambiata rispetto al passato, con il solo trasferimento dei quadri di Caravaggio dal primo piano al piano terreno per venire incontro alle esigenze dei visitatori. Al piano terreno si possono anche ammirare varie statue di epoca romana, che facevano parte del primo nucleo della collezione, e alcune delle più celebri sculture di Antonio Canova (fra cui la famosissima Venere Borghese, che rappresenta Paolina Bonaparte) e di Gian Lorenzo Bernini (Apollo e Dafne, Il ratto di Proserpina). Il primo piano continua ad essere occupato dalla pinacoteca, che comprende dipinti di Tiziano (tra cui il magnifico L'amor sacro e l'amor profano appena restaurato), Raffaello (La deposizione di Cristo), Rubens, Cranach (Venere e Amore), Veronese, Perugino, Antonello da Messina (Ritratto virile). Nuovissima invece è la disposizione del sottosuolo, completamente riservato ai servizi, in cui si trovano la biglietteria, il laboratorio di restauro, il bar, la libreria e vari computer con programmi di consultazione. Per entrare in questo scrigno delle meraviglie la prenotazione è obbligatoria. Infatti, per permettere una visione ottimale e salvaguardare le opere, sono ammessi non più di 300 visitatori ogni ora alle sale del piano terreno, e soltanto 90 a quelle del primo piano.

Il restauro della Galleria è comunque solo il primo passo di un progetto molto più ambizioso, che dovrebbe portare in breve tempo ad una totale rivalutazione del patrimonio architettonico e naturale di Villa Borghese e del suo immenso parco di circa 80 ettari. L'idea è di creare un «Parco dei musei», aggiungendo nuovi poli culturali ai luoghi d'arte e alle sedi di Accademie straniere già presenti in questa zona.

rispondiamo sul testo

1. Chi ha progettato la villa che ospita la galleria Borghese?
2. Quali sono i principali cambiamenti effettuati dopo il restauro?
3. Chi rappresenta la Venere Borghese?
4. Che cosa c'è nel sottosuolo della Galleria?
5. Quanto è grande il parco di Villa Borghese?

dizionario

candore: bianchezza
comprendere: contenere, includere
gioiello: oggetto prezioso
orgoglio: soddisfazione, fierezza
rappresentare: raffigurare, riprodurre
riacquistare: riavere, riconquistare
rispetto a: in confronto a, in relazione a
salvaguardare: proteggere, difendere
scrigno: piccola scatola per conservare oggetti preziosi (specialmente gioielli)
soffitto: parte superiore di una stanza, di un luogo chiuso
stucco: decorazione in gesso
tenue: delicato, leggero
trasferimento: cambiamento di posto, spostamento

1. Scipione Borghese era:
a. uno scultore
b. un cardinale
c. un pittore

2. Al piano terreno della galleria ci sono:
a. quadri di Rubens e Cranach
b. la biglietteria e la libreria
c. statue di epoca romana

3. La Deposizione di Cristo è un quadro di:
a. Raffaello
b. Antonello da Messina
c. Veronese

4. La Galleria Borghese è stata chiusa per quasi:
a. sette anni
b. venti anni
c. quattordici anni

competenza linguistica

Completare le seguenti frasi con il passato prossimo dei verbi in parentesi:

1. La Galleria Borghese (riaprire) ………………...…… il 28 giugno 1997.

2. La direzione (trasferire) …………………… i quadri di Caravaggio al piano terreno.

3. I restauri della Galleria (durare) …………………… molti anni.

4. Le vaste sale della Galleria (riacquistare) ……………… i loro colori originali.

5. Per visitare la Galleria Borghese noi (dovere) ………………… prenotare una settimana prima.

6. Roma (tornare) …………………… a mostrare con orgoglio uno dei suoi gioielli.

vero o falso?

v. f.

☐ ☐ 1. Antonello da Messina e Veronese sono due grandissimi scultori.

☐ ☐ 2. La Galleria Borghese è stata progettata nel XV secolo.

☐ ☐ 3. Nella zona di Villa Borghese ci sono le sedi di varie accademie straniere.

☐ ☐ 4. Nella galleria sono presenti diversi computer con programmi di consultazione.

riassumere il testo

GLI UNIVERSITARI NON SANNO SCRIVERE

Alessandro Coppini, dicembre 1996

In passato scrivevano strafalcioni quasi esclusivamente i poveri, chi aveva interrotto gli studi prima del tempo o non aveva frequentato neanche la scuola elementare. Adesso invece anche molti studenti universitari riempiono di errori di grammatica e di sintassi i pochi esami scritti che devono sostenere durante i corsi di laurea, trovandosi quindi in grande difficoltà al momento di scrivere la tesi o di preparare una lettera per una richiesta di assunzione dopo essere usciti dall'università.

«I nostri studenti - dice Paolo Costa, rettore dell'Università di Ca' Foscari a Venezia - sono abituati solo a parlare; l'unica forma di scrittura che praticano è prendere appunti durante le lezioni. Come conseguenza troviamo ogni genere di errori, anche di ortografia, nelle loro rare prove scritte». Per questa ragione Costa ha pensato di istituire il Sis (Servizio di italiano scritto), un corso riservato agli studenti di Economia e Commercio, di Lingue e Letterature straniere, di Lettere e di Scienze dell'Ateneo veneziano. «Di fronte a universitari che scrivono in maniera sempre più scorretta - spiega Francesco Bruni, coordinatore del Sis e professore di Storia della Lingua italiana - ci è sembrato utile offrire un corso di ripasso su come usare la nostra lingua».

Evidentemente tredici anni di scuola - tra elementari, medie inferiori e superiori - non bastano agli studenti italiani per imparare a scrivere (forse anche per un'insufficiente preparazione degli insegnanti) e, nei quattro o cinque anni di università, non hanno poi modo di rimediare a questa deficienza. «Nell'università italiana - spiega ancora Bruni - gli esami sono in massima parte orali, a differenza di quanto succede all'estero dove c'è una predominanza di prove scritte. Da noi si perde quindi l'abitudine alla scrittura e gli studenti, per mancanza di pratica, riempiono i compiti di errori. D'altra parte gli studenti di altri Paesi, abituati più a scrivere che a parlare, alla fine degli studi spesso sono incapaci di sostenere una discussione. Questo per dire che il nostro sistema non è totalmente sbagliato ma ha certo bisogno di qualche revisione».

Il problema della carenza culturale degli universitari italiani in relazione alla lingua scritta non è comunque stato avvertito solo dai docenti dell'Università di Venezia. Anche all'Università di Roma c'è chi ha pensato di fare qualcosa per modificare l'attuale situazione. Alla facoltà di Scienze della Comunicazione, ad esempio, è già stato istituito un nuovo esame dal nome inequivocabile: prova di scrittura.

23

dizionario

appunto: nota
carenza: scarsità, mancanza
docente: professore di università
inequivocabile: inconfondibile
praticare: effettuare, fare
rimediare: correggere, riparare
ripasso: revisione, ripetizione
revisione: miglioramento, modifica
scorretto: pieno di errori
sostenere: dare, superare
sostenere (una discussione): portare avanti, condurre
strafalcione: errore enorme, grossolano (di grammatica)
succedere: accadere, capitare

rispondiamo sul testo

1. Perché gli universitari italiani non sanno scrivere?
2. Perché invece in altri Paesi i nuovi laureati hanno difficoltà a sostenere una discussione?
2. Che cos'è il Sis?
4. Come si chiama il nuovo esame istituito alla facoltà di Scienze della Comunicazione dell'Università di Roma?

1. Molti studenti universitari fanno errori di:
a. traduzione
b. sintassi
c. pronuncia

2. L'Università di Ca' Foscari offre un corso su come usare:
a. il vocabolario
b. l'italiano
c. il dialetto veneziano

3. Gli studenti italiani sono più abituati a:
a. scrivere
b. leggere
c. parlare

4. In Italia gli esami universitari sono per la maggior parte:
a. scritti
b. orali
c. elementari

competenza linguistica

Completare il paragrafo dell'articolo mettendo al posto giusto le seguenti parole:

comporre - così – domanda – fare – nemmeno ora – soltanto - tanti

In passato scrivevano strafalcioni quasi .... i poveri, chi aveva interrotto gli studi prima del tempo o non aveva frequentato .... la scuola elementare. ....
invece anche .... studenti universitari riempiono di errori di grammatica e di sintassi i pochi esami scritti che devono .... durante i corsi di laurea, trovandosi .... in grande difficoltà al momento di scrivere la tesi o di .... una lettera per una .... di assunzione dopo essere usciti dall'università.

vero o falso?

v. f.

☐ ☐ 1. I corsi universitari italiani prevedono molte prove scritte.
☐ ☐ 2. Francesco Bruni è un professore di Storia della Lingua italiana.
☐ ☐ 3. Uno studente italiano deve frequentare la scuola per dodici anni prima di andare all'università.
☐ ☐ 4. La presenza di tanti errori nei compiti degli studenti dipende anche dall'insufficiente preparazione di molti insegnanti.

riassumere il testo

IL VOCABOLARIO DEI BAMBINI

Vanna Vivoli, settembre 2000

Che cos'è un albero? «E' una pianta che serve ad occupare il giardino rendendolo più piacevole». E il babbo? «E' un uomo bravo quando gli fai una cosa che gli piace». La mamma, invece, «è un adulto che dà alla luce un figlio». L'automobile «è un mezzo di trasporto che si usa per andare in posti lontani, va più veloce delle gambe, ma inquina moltissimo». E infine l'autunno «è una stagione triste come un cane abbandonato che ti porta via la felicità dell'estate».

Queste sono solo alcune delle oltre 800 definizioni di parole comuni del primo vocabolario multimediale fatto da bambini, che è un insieme di tenerezza, ironia, astuzia e genialità. Si chiama Addizionario ed lo hanno realizzato gli alunni delle venti scuole elementari italiane che hanno partecipato ad uno speciale progetto dell'Istituto di Linguistica del Cnr (Consiglio nazionale delle ricerche) di Pisa.

Spiega Giovanna Turrini, la coordinatrice del progetto: «I bambini hanno creato da soli le definizioni delle parole e le hanno poi illustrate con disegni, esempi e associazioni. Hanno lavorato sia su carta che al computer. Il lavoro è stato poi inserito in un software creato dal Cnr di Pisa in collaborazione con il dipartimento di Informatica dell'Università di Torino. E' nato così un laboratorio linguistico in cui il bambino può studiare la lingua, accrescendo il suo lessico e le sue capacità di riflessione».

Addizionario è un software aperto e può essere modificato secondo le esigenze personali dell'alunno. Il bambino, insomma, non solo utilizza gli 800 termini creati dai suoi coetanei, ma aumenta il vocabolario aggiungendone di propri. Può anche creare una banca dati personale, in cui inserire disegni, appunti e ogni cosa che gli viene in mente. Tutto sotto il controllo della maestra. Addizionario è anche il primo «dizionario emozionale». Dice infatti Giovanna Turrini: «Abbiamo lavorato molto sulla dimensione emotiva delle parole, che è importantissima per i bambini ma che i dizionari fatti dagli adulti non prendono in considerazione. Nessun vocabolario riporterà mai tra le definizioni di "bambino" quelle create da due alunni per Addizionario: "Il bambino è un essere che quando nasce porta felicità e gioia", e ancora "è una persona molto giovane destinata a diventare vecchia se nel frattempo non incontra ostacoli"».

rispondiamo sul testo

1. Che cos'è Addizionario?
2. Chi l'ha scritto?
3. Chi è Giovanna Turrini?
4. Che tipo di collaborazione ha dato il dipartimento di Informatica dell'Università di Torino a questo progetto?
5. Qual è la definizione che un bambino ha dato delle parola «mamma»?

dizionario

accrescere: aumentare, ampliare
aggiungere: mettere in più
appunto: nota
astuzia: furbizia
coetaneo: che ha la stessa età
dare alla luce: fare nascere
esigenza: necessità
inquinare: contaminare, sporcare
maestra: insegnante di scuola elementare
nel frattempo: durante questo (o quel) periodo di tempo
ostacolo: difficoltà, impedimento
rendere: fare diventare
riportare: riferire, citare
termine: parola, vocabolo

1. L'autunno è una stagione che porta:
a. felicità
b. tristezza
c. gioia

2. Addizionario è un vocabolario scritto:
a. da Giovanna Turrini
b. dall'Istituto di Linguistica del Cnr
c. dai bambini

3. Il software di Addizionario può essere:
a. cancellato
b. occupato
c. modificato

4. Per i bambini la dimensione emotiva delle parole è:
a. secondaria
b. importante
c. multimediale

**In ognuna delle seguenti frasi c'è un errore.
Trovatelo e fate l'opportuna correzione:**

1. L'automobile è un mezzo di trasporto che ci usa per andare in posti lontani.

2. L'autunno è una stagione triste quanta un cane abbandonato.

3. I bambini hanno creato le definizioni delle parole e le hanno poi illustrato.

4. Il bambino può creare una banca data personale.

5. I dizionari fatti dai adulti non prendono in considerazione la dimensione emotiva delle parole.

Queste sono alcune definizioni di parole di Addizionario:

v.   f.

☐ ☐ 1. «Il bambino è un essere che alla sua nascita porta contentezza e allegria»

☐ ☐ 2. «Il babbo è una persona buona quando non gli fai un piacere.»

☐ ☐ 3. «L'automobile è un mezzo di trasporto che inquina moderatamente.»

☐ ☐ 4. «Il bambino è una persona giovane che diventerà vecchia se non avrà inconvenienti.»

PAROLE ITALIANE SU LABBRA INGLESI

Alessandro Coppini, settembre 2002

Quante sono le parole della lingua inglese che un italiano medio usa comunemente? Non sappiamo il numero esatto ma sono sicuramente tantissime, forse troppe. Ogni giorno che passa l'inglese accresce la sua già solida egemonia su tutte le altre lingue del mondo e minaccia la sopravvivenza di quelle meno diffuse. Attraverso cinema, televisione e Internet centinaia di parole della lingua di Shakespeare (o sarebbe meglio dire di quella di Hemingway?) vanno a «contaminare» i vari idiomi nazionali ed entrano nel linguaggio quotidiano di europei, sudamericani, asiatici e africani. Bisogna cominciare a preoccuparci? Alcuni linguisti italiani ne sono sicuri, altri no. I più pessimisti prevedono una morte non troppo lontana anche della lingua di Dante che – dicono - sarà probabilmente sostituita da un idioma ibrido, a metà strada tra il nostro e quello anglosassone. Sarà vero? Non possiamo che rispondere con un vecchio modo di dire: «chi vivrà, vedrà».

Per adesso consoliamoci con The Oxford guide to world english, un testo da poco pubblicato in Gran Bretagna che presenta i risultati di una ricerca sull'inglese parlato oggi in giro per il mondo. Un capitolo del libro è infatti riservato alle parole di origine italiana che, nel corso degli anni, sono diventate parole «inglesi» di uso comune, a dimostrazione che, almeno in passato, anche la nostra lingua è stata un «prodotto» da esportazione. Le più antiche risalgono al Medio Evo e sono quasi tutte finite sulle labbra degli anglosassoni grazie ai loro frequenti contatti con i francesi, che le avevano assimilate in precedenza. E' il caso di termini come «battalion» (da battaglione) e «charlatan» (da ciarlatano). La diffusione di «frigate» (da fregata) risale invece al XVI secolo, mentre quella di «caprice» (da capriccio) e di «picturesque» (da pittoresco) al secolo successivo.

Un anglofono usa comunque l'italiano soprattutto quando parla di cucina, musica, arte e architettura. Pizza, pasta, spaghetti, lasagne, tagliatelle, ravioli, mozzarella, minestrone sono sulla bocca (e in bocca!) di tutti, e non solo degli inglesi. L'influenza dell'italiano, oltre che in campo gastronomico, è molto forte anche nel linguaggio musicale (con parole come adagio, andante, allegretto, arpeggio, concerto, tenore, contralto, soprano, scherzo, forte, fortissimo e così via) e in quello artistico (cupola, palazzo, intaglio, «fresco» - da affresco - e altre ancora). The Oxford guide to world english indica infine varie parole della lingua italiana prese dalla vita di tutti i giorni: da fiasco a confetto, da bravo a graffiti, per finire - ovviamente - con l'universale mafia.

27

rispondiamo sul testo

1. Attraverso quali canali l'inglese va a «contaminare» le altre lingue?
2. Qual è il futuro dell'italiano secondo i nostri linguisti più pessimisti?
3. Che cos'è The Oxford guide to world english?
4. Come sono entrate nella lingua inglese le prime parole italiane?

dizionario

accrescere: aumentare, ampliare
assimilare: fare proprio
confetto: mandorla ricoperta di zucchero cotto, ma per gli inglesi corrisponde all'italiano «coriandolo» (cioè piccolo pezzo di carta colorata)
consolarsi: rallegrarsi, essere confortato
contaminare: contagiare, infettare
sopravvivenza: esistenza
fiasco: insuccesso, fallimento
ibrido: eterogeneo, formato da elementi diversi
nel corso di: durante
quotidiano: di ogni giorno
preoccuparsi: allarmarsi, avere paura di
prevedere: vedere prima, in anticipo
risalire: avere origine
termine: parola, vocabolo

1. Un vecchio modo di dire italiano è:
a. «chi vorrà, vedrà»
b. «chi verrà, vedrà»
c. «chi vivrà, vedrà»

2. La diffusione in Gran Bretagna della
parola «frigate» risale al:
a. XVIII secolo
b. 1500
c. all'Ottocento

3. «Scherzo» è una parola del linguaggio:
a. gastronomico
b. artistico
c. musicale

4. «Intaglio» è una parola del linguaggio:
a. artistico
b. architettonico
c. militare

competenza linguistica

Come si chiamano gli abitanti dei seguenti Paesi europei?

1. Spagna ....
2. Portogallo ....
3. Francia ....
4. Germania ....
5. Olanda ....
6. Belgio ....
7. Svezia ....
8. Austria ....
9. Grecia ....
10. Polonia ....

vero o falso?

v.   f.
☐ ☐   1. Il francese è la lingua di Dante.
☐ ☐   2. Le più antiche parole italiane assimilate dall'inglese risalgono al Medioevo.
☐ ☐   3. L'influenza dell'italiano sull'inglese è particolarmente rilevante nel linguaggio gastronomico.
☐ ☐   4. The Oxford guide to world english non indica nessuna parola della lingua italiana presa dalla vita di tutti i giorni.

riassumere il testo

L'ITALIANO: UNA LINGUA RAZIONALE

Alessandro Coppini, marzo 2000

Imparare l'italiano? E' più facile che imparare l'inglese. Perché? Perché nell'apprendimento dell'italiano il cervello entra in funzione più rapidamente. Questa è l'interessante conclusione a cui arriva una ricerca, pubblicata sul numero di gennaio dell'autorevole rivista scientifica «Nature Neuroscience», che la sezione di medicina nucleare dell'Ospedale San Raffaele di Milano ha effettuato in collaborazione con l'University College di Londra. Secondo il professor Ferruccio Fazio, che ha diretto la ricerca, la nostra lingua sarebbe anche un mezzo di comunicazione più efficace della lingua inglese, perché più razionale, più immediata e meno ambigua.

Fazio e i suoi collaboratori, per analizzare la differenza del funzionamento cerebrale nell'apprendimento dell'italiano rispetto all'inglese, hanno usato una particolare tecnica di misurazione dell'attività dei neuroni. Hanno fatto sdraiare dentro una macchina simile a quella della Tac (tomografia assiale computerizzata) numerosi soggetti, italiani ed inglesi, a cui hanno dato da leggere varie parole nelle due lingue. Hanno così capito che le zone cerebrali che entrano in funzione al momento della lettura non sono le stesse per le persone di madrelingua italiana e inglese. Gli italiani usano maggiormente la regione temporale superiore sinistra mentre gli inglesi la regione frontale, con un processo di lettura più lento che coinvolge parti del cervello delegate alla comprensione totale della parola.

«La difficoltà maggiore della lingua inglese - spiega Fazio - dipende dal fatto che combinazioni di lettere uguali sono lette in maniera differente a seconda della parola in cui si trovano. Invece in italiano una particolare combinazione di lettere è sempre associata allo stesso suono».

In effetti nella lingua inglese i dubbi sono numerosi. Un esempio: la combinazione «int» nella parola «mint» (menta) si pronuncia mint, mentre nella parola «pint» (pinta) si pronuncia paint.

«Leggendo una parola inglese - continua Fazio – è sempre necessario fare una traduzione mentale dalla lettera al fonema, scegliendo poi la pronuncia sulla base del significato che la parola ha all'interno della frase. Ecco perché è indispensabile attivare aree cerebrali più complesse, che in italiano non servono. Infatti nella nostra lingua la corrispondenza tra la lettera e il fonema è quasi sempre univoca e immediata».

La ricerca del San Raffaele e dell'University College è importante anche per la comprensione dei meccanismi della dislessia (la difficoltà nell'apprendimento della lettura), che è molto diffusa nei Paesi anglofoni (dove colpisce il 5% dei bambini) e poco in Italia (dove interessa solo l'1% dei ragazzi in età scolare).

rispondiamo sul testo

1. Chi ha pubblicato la ricerca sull'apprendimento dell'italiano?
2. Perché la nostra lingua è risultata un mezzo di comunicazione più efficace della lingua inglese?
3. Quali differenti zone cerebrali entrano in funzione al momento della lettura per le persone di madrelingua italiana e per quelle di madrelingua inglese?
4. Perché nella lingua inglese le parole sono più ambigue?

dizionario

a seconda: come, secondo che
apprendimento: comprensione, l'azione di imparare
associare: unire, collegare
attivare: mettere in azione
coinvolgere: interessare
dubbio: incertezza. perplessità
effettuare: fare, eseguire
entrare in funzione: cominciare a lavorare
ricerca: studio, indagine
sdraiare: distendere, mettere in posizione orizzontale
trovarsi: essere
univoco: che ha una sola definizione o un solo significato

scelta multipla

1. Il professor Ferruccio Fazio ha fatto sdraiare soggetti italiani ed inglesi dentro:

a. una zona cerebrale
b. una macchina simile a quella della Tac
c. la regione temporale

2. In italiano una combinazione di lettere è sempre:

a. tradotta mentalmente
b. delegata alla comprensione
c. associata allo stesso suono

3. L'Ospedale San Raffaele ha una:

a. macchina per la Tac
b. sezione di medicina nucleare
c. rivista scientifica

4. Nella lingua italiana il cervello entra in funzione più:

a. razionalmente
b. rapidamente
c. mentalmente

competenza linguistica

Completare le seguenti frasi con le preposizioni mancanti (semplici o articolate):

1. Fazio e i suoi collaboratori, ……..……… analizzare la differenza ………..……… funzionamento cerebrale ………..……… apprendimento ……………italiano rispetto ……………inglese, hanno usato una particolare tecnica ……………. misurazione ……………attività ……....…… neuroni.

2. Hanno così capito che le zone cerebrali che entrano ………..........funzione ………. momento …………… lettura non sono le stesse …………… le persone ………. madrelingua italiana e inglese.

vero o falso?

v.	f.	
☐	☐	1. La vocale «i» nelle parole inglesi «mint» e «pint» si pronuncia nello stesso modo.
☐	☐	2. Leggendo una parola inglese si sceglie la pronuncia sulla base del significato che ha all'interno della frase.
☐	☐	3. La dislessia è la difficoltà nell'apprendimento della scrittura.
☐	☐	4. Ci sono più dislessici nei Paesi anglofoni che in Italia.

riassumere il testo

IL PRIMO CORSO DI LINGUA NAPOLETANA

Alessandro Coppini, novembre 1997

Può sembrare strano ma il primo corso in assoluto di lingua napoletana è stato organizzato da un Istituto Francese di Cultura. Ovviamente si tratta di quello di Napoli, da tempo diretto da Jean Noel Schifano, noto scrittore parigino di chiara origine italiana. Il fatto appare meno sorprendente se si pensa che Schifano è un sostenitore così appassionato della cultura e delle tradizioni dell'ex capitale del Regno delle Due Sicilie, dove vive e lavora da oltre vent'anni, da essere stato insignito recentemente della cittadinanza onoraria. E tra le cose che ama di più della sua città d'adozione c'è proprio il dialetto, a cui attribuisce la stessa dignità di una vera lingua, come il francese o l'italiano. Schifano non ha dubbi: «Il napoletano è una lingua viva, che si scrive e si parla, e che per secoli è stata una delle lingue più apprezzate in Europa. Basta pensare che nell'Ottocento a San Pietroburgo lo zar di Russia amava usare, insieme al francese, espressioni napoletane nelle conversazioni con i dignitari della sua corte. Togliere ai napoletani il loro dialetto significa privarli del 50% della loro identità». E in questo modo risponde a chi ha giudicato la sua iniziativa come un'operazione un po' superficiale, populista e nostalgica.

Del resto, negli ultimi tempi, anche altri autorevoli studiosi si sono mossi per una rivalutazione del dialetto partenopeo. Tra questi c'è Nicola De Blasi, docente di Storia della Lingua all'Università Federiciana di Napoli, che ha scritto, con la collaborazione di Patricia Bianchi e Rita Librandi, il libro I'te vurria parlà («Io ti vorrei parlare», Tullio Pironti Editore) che ripercorre la storia millenaria di Napoli e della sua lingua.

Il corso di napoletano dell'Istituto Francese ha la durata di 50 lezioni e un costo di 850mila lire (425 euro). A condurlo è un giovane professore, il trentenne Pietro Maturi, che insegna italiano all'Università di Heidelberg. Maturi illustra così il suo programma: «Nelle mie lezioni mi dedico soprattutto all'uso contemporaneo, quotidiano e reale del parlare napoletano. Uso vari strumenti: cassette di conversazioni registrate tra la gente, testi letterari (dai più antichi come quelli di Giambattista Basile ai più recenti come quelli di Eduardo De Filippo), parole di canzoni e copioni cinematografici».

«Nella parte teorica - aggiunge Maturi - cerco di definire la differenza tra dialetto e lingua nei rapporti fra l'italiano e il napoletano. Propongo inoltre un'analisi circostanziata degli aspetti grammaticali, dalla coniugazione del verbo alla formazione del sostantivo, e di quelli fonetici, attraverso l'insegnamento della pronuncia napoletana di vocali e consonanti».

Insomma gli studenti sono avvertiti: se hanno pensato di iscriversi al corso per semplice divertimento hanno fatto un terribile errore. «Lo studio del napoletano è una cosa seria, impegnativa e scientifica, come quello di qualsiasi altra lingua del mondo» conclude infatti Maturi.

rispondiamo sul testo

1. Chi ha organizzato e dove il primo corso di lingua napoletana?
2. Che cosa amava fare nell'Ottocento lo zar di Russia?
3. Quali strumenti usa Maturi durante le sue lezioni di lingua napoletana?
4. In che cosa consiste la parte teorica del corso?

dizionario

autorevole: tenuto in grande considerazione, qualificato

circostanziato: punto per punto, in modo dettagliato

copione: fascicolo (libro) che contiene il testo di uno spettacolo o di un film da realizzare

dignitario: funzionario di corte

docente: professore di università

impegnativo: difficile, duro

insignire: assegnare un titolo, un'onorificenza

nostalgico: che giudica il passato migliore del presente

quotidiano: di ogni giorno

ripercorrere: analizzare

rivalutazione: dare un giudizio positivo su qualcuno o qualcosa che era stato giudicato negativamente

trattarsi: essere

sorprendente: che provoca sorpresa, stupore

1. Jean Noel Schifano è il direttore dell':
a. Università di Heidelberg
b. Istituto Francese di Cultura di Napoli
c. Università Federiciana

2. *l'te vurria parlà* è un libro di:
a. Nicola De Blasi
b. Giambattista Basile
c. Eduardo De Filippo

3. Il napoletano è una:
a. lingua scritta
b. lingua viva
c. lingua morta

4. Jean Noel Schifano vive da vent'anni a:
a. San Pietroburgo
b. Parigi
c. Napoli

competenza linguistica

Completare le seguenti frasi con l'aggettivo mancante:

1. Può sembrare .... ma il primo corso di lingua napoletana è stato organizzato da un Istituto Francese di Cultura.

2. Jean Noel Schifano è uno scrittore di .... origine italiana.

3. Jean Noel Schifano ha ricevuto recentemente la cittadinanza .... di Napoli.

4. Qualcuno ha giudicato la sua iniziativa come un'operazione un po' ....

5. Altri .... studiosi si sono mossi per una rivalutazione del dialetto napoletano.

6. Il libro racconta la storia .... di Napoli e della sua lingua.

vero o falso?

v. f.

☐ ☐ 1. I dignitari della corte di San Pietroburgo, oltre al napoletano, usavano molto l'inglese.

☐ ☐ 2. Pietro Maturi è un giovane insegnante universitario.

☐ ☐ 3. Napoli è stata la capitale di un regno.

☐ ☐ 4. Gli studenti possono iscriversi al nuovo corso di napoletano anche per semplice divertimento.

riassumere il testo

A TAVOLA CON CATERINA DE' MEDICI

Donatella Sommati, marzo 2001

Non è bella Caterina de' Medici quando a 14 anni sposa il suo coetaneo Enrico duca d'Orléans, poi Enrico II re di Francia. E' piccola, magra, con gli occhi sporgenti e le labbra grosse. È una Medici e nessun rappresentante di questa famiglia è mai stato bello. Però è nipote del grande Lorenzo il Magnifico e di papa Clemente VII.

Quando nel 1533 parte da Firenze per la Francia, Caterina porta con sé una grande dote in denaro e gioielli. Alcuni di questi gioielli li possiamo oggi ammirare visitando la Torre di Londra. Infatti, attraverso sua nuora Maria Stuarda, arrivano in Scozia e, alla morte della sfortunata regina, diventano proprietà della cugina Elisabetta I d'Inghilterra ed entrano a far parte del Tesoro della Corona inglese.

Ma questa rappresentante di casa Medici non porta a Parigi solo tesori materiali. Caterina porta in regalo anche un'abitudine alla raffinatezza che la pur sfarzosa corte francese ancora non conosceva.

A dire il vero nel 1505 era già apparso in Francia, scritto da un italiano, un manuale del saper vivere. L'opera descriveva le migliori regole per stare a tavola con piacere senza dimenticare la morale e l'eleganza. Proponeva anche norme di igiene. Ad esempio consigliava l'uso della forchetta, più elegante e pulita delle dita, e raccomandava di lavarsi le mani prima di sedersi a tavola e di non soffiarsi il naso con la tovaglia. Ma il libro non aveva avuto molta fortuna. La Francia non era ancora pronta ad adottare norme che avrebbe accettato solo trent'anni più tardi. Ci volevano infatti degli esempi per mettere in pratica queste regole. E gli esempi vengono proprio dal comportamento degli aristocratici italiani al seguito di Caterina. Con loro finiscono le abbuffate e un banchetto diventa una cerimonia.

Ai fiorentini va anche il merito di aver riformato l'antica cucina francese, che era ancora influenzata dai modelli medievali, e di aver dato vita a quella attuale, celebrata e raffinatissima.

La «Rivoluzione del 1533», come è stata chiamata dal famoso chef Raymond Oliver, «rovescia il contenuto delle pentole». I piatti salati sono separati dai piatti dolci: niente più carne con frutta zuccherata. I cuochi di Caterina, grande mangiatrice e bevitrice, portano nelle cucine di corte dolci, marmellate, creme, gelati, salse (fra cui una «colla» che prenderà il nome di bechamelle), crespelle (le crêpes), fagioli bianchi importati dall'America, l'olio di oliva, l'arte del friggere, i volatili cucinati con l'arancia. Il «papero alla melarancia» e il «cappone con savore aranciato», tra i piatti preferiti di casa Medici, sono infatti i progenitori del famosissimo «Canard à l'orange».

33

dizionario

abbuffata: grande mangiata
coetaneo: che ha la stessa età
colla: sostanza adesiva
comportamento: modo di fare, atteggiamento
consigliare: suggerire, proporre
dote: i beni che una moglie portava al marito al momento del matrimonio
friggere: cuocere in abbondante olio
manuale: libro che illustra le nozioni fondamentali di una disciplina
nuora: la moglie del figlio
pentola: recipiente per cucinare
rovesciare: capovolgere, mettere sottosopra
sfarzoso: sontuoso, fastoso
sporgente: in fuori, prominente
soffiarsi il naso: liberare il naso dal muco
tovaglia: telo che si mette sulla tavola per il pasto
volatile: uccello
volerci: essere necessario

rispondiamo sul testo

1. Perché Caterina de' Medici va in Francia?
2. Perché i gioielli di Caterina de' Medici fanno ora parte del Tesoro della Corona inglese?
3. Che cosa è la «Rivoluzione del 1533», secondo una definizione del famoso chef Raymond Oliver?
4. Che cosa portano i cuochi di Caterina nelle cucine francesi?
5. Che cos'è la «bechamelle»?

scelta multipla

1. Caterina de' Medici aveva:
a. le labbra magre
b. gli occhi sporgenti
c. le mani piccole

2. Lorenzo il Magnifico era:
a. lo zio di Caterina
b. il nipote di Caterina
c. il cugino di Caterina

3. Maria Stuarda era:
a. la suocera di Caterina
b. la zia di Clemente VII
c. la cugina di Elisabetta I

4. L'antica cucina francese era influenzata:
a. da quella americana
b. dai modelli medievali
c. dalle norme di igiene

competenza linguistica

Completare il seguente paragrafo dell'articolo con l'imperfetto o il trapassato prossimo indicativo dei verbi in parentesi:

Caterina de' Medici non porta a Parigi solo tesori materiali, porta in regalo anche un'abitudine alla raffinatezza che la pur sfarzosa corte francese ancora non (conoscere) ....
A dire il vero nel 1505 (apparire) .... già in Francia, scritto da un italiano, un manuale del saper vivere. L'opera (descrivere) .... le migliori regole per stare a tavola con piacere senza dimenticare la morale e l'eleganza. (Proporre) .... anche norme di igiene. Ad esempio (consigliare) .... l'uso della forchetta e (raccomandare) .... di lavarsi le mani prima di sedersi a tavola. Ma il libro non (avere) .... molta fortuna. La Francia non (essere) .... ancora pronta ad adottare queste norme.

spunti per la conversazione

1. Quale tipo di cucina preferite?
2. Quali sono i cibi che detestate e quelli che vi piacciono di più?
3. Quali sono i piatti della cucina italiana che conoscete?
4. Che cosa pensate della cucina vegetariana e di quella macrobiotica?
5. Vi piace cucinare?

riassumere il testo

LA PRIMA «FESTA DELLA TOSCANA»

Alessandro Coppini, dicembre 2000

Il 30 novembre scorso si è celebrata la prima «Festa della Toscana», una ricorrenza che da ora in poi si ripeterà ogni anno per testimoniare l'impegno di questa regione contro la pena di morte e il rispetto dei diritti umani. La scelta della data non è casuale: vuole infatti ricordare il 30 novembre 1786, giorno in cui la Toscana, con la promulgazione della rivoluzionaria riforma della legislazione criminale fortemente voluta dal granduca Pietro Leopoldo, diventò il primo Stato al mondo ad abolire la pena capitale e la tortura.

Molte sono state le manifestazioni che hanno avuto luogo a Firenze durante tutta la giornata. La mattina, a Palazzo Pitti, il Consiglio Regionale Toscano si è riunito in seduta straordinaria alla presenza di varie autorità dello Stato (il Presidente del Senato, Nicola Mancino, e il vice Presidente della Camera, Alfredo Biondi ecc.) e di molti ospiti stranieri (fra cui il vice Presidente del Parlamento Europeo, David Martin). Claudio Martini, Presidente delle Regione Toscana, ha letto un discorso in cui ha confermato il solenne impegno della sua e di tutte le altre regioni italiane a battersi per l'abolizione della pena di morte negli Stati che ancora la praticano. In sala c'erano anche Sigismondo d'Asburgo Lorena, discendente diretto dell'illuminato granduca Pietro Leopoldo, il Cardinale di Firenze, Silvano Piovanelli, e la madre di Derek Rocco Barnabei, il giovane americano di origine toscana giustiziato qualche mese fa in Texas.

Più tardi, in piazza della Signoria, c'è stata la ricostruzione - con tanto di corteo e forca – di una delle ultime esecuzioni programmate a Firenze: quella del 22 marzo 1775 di un condannato per omicidio, fortunatamente interrotta dall'arrivo della grazia da parte del granduca.

Nel pomeriggio gli ospiti italiani e stranieri si sono ritrovati davanti al Museo del Bargello, che nel passato era palazzo di Giustizia e prigione, per apporre sulle sue mura una lapide in ricordo dell'abolizione della pena di morte in Toscana. Alla fine della cerimonia, alle 17, le campane di tutti i municipi e delle principali chiese della regione hanno cominciato a suonare all'unisono.

Manifestazioni per la prima «Festa della Toscana» hanno avuto luogo non solo nel capoluogo ma anche in moltissime altre città della regione, grandi e piccole, con esibizioni di bande musicali, sfilate e fuochi d'artificio.

La lunga giornata contro la pena di morte si è conclusa alle 21,30 al Teatro Comunale di Firenze, con un concerto dell'Orchestra e del Coro del Maggio Musicale.

rispondiamo sul testo

1. Che cosa celebra la «Festa della Toscana»?
2. Chi era Pietro Leopoldo?
3. Di che cosa ha parlato nel suo discorso Claudio Martini, presidente della Regione Toscana?
4. Che cosa successe il 22 marzo 1775?
5. Come si è conclusa la giornata della prima «Festa della Toscana»?

dizionario

all'unisono: simultaneamente
abolire: eliminare, cancellare
apporre: mettere sopra, applicare
forca: patibolo, palco per l'esecuzione di una condanna a morte per impiccagione
fuochi d'artificio: fuochi pirotecnici
giustiziato: punito con la morte
grazia: annullamento di una pena
impegno: sollecitudine, interessamento
lapide: lastra di marmo, o altro materiale, con un'epigrafe commemorativa messa sulla facciata di un edificio
ricorrenza: celebrazione, anniversario
seduta: sessione, riunione
testimoniare: dimostrare, confermare

1. Derek Rocco Barnabei era:
a. un discendente degli Asburgo Lorena
b. un giovane giustiziato in Texas
c. il vice-presidente del Parlamento Europeo

2. La ricostruzione di una esecuzione capitale è stata fatta:
a. a Palazzo Pitti
b. al Museo del Bargello
c. in Piazza della Signoria

3. Manifestazioni per la prima «Festa della Toscana» hanno avuto luogo:
a. in tutte le strade di Firenze
b. in tutte le altre regioni italiane
c. in moltissime città della regione

4. In passato il Museo del Bargello era:
a. una reggia
b. una prigione
c. la sede del Consiglio Regionale Toscano

competenza linguistica

Completare le seguenti frasi con i nomi mancanti:

1. La Toscana è contro la ……............... di morte.

2. Molte manifestazioni hanno avuto ………………. a Fi renze durante tutta la giornata.

3. Il Consiglio Regionale Toscano si è riunito in ……................ straordinaria.

4. L'esecuzione è stata interrotta dall'arrivo della ……………… da parte del granduca.

5. Una ……………..è stata apposta sulle mura del Bargello.

6. Durante la giornata ci sono state esibizioni di bande musicali, sfilate e ……………….. d'artificio.

spunti per la conversazione

1. Siete favorevoli o contrari alla pena di morte?
2. Nel vostro Paese è prevista ancora o è stata abolita?
3. Se è stata abolita, sapete quando?
4. Se è ancora applicata, sapete per quali reati?
5. Secondo voi quali possono essere le ragioni a favore della pena di morte e quali quelle contro?

riassumere il testo

LA NUOVA STAGIONE DELLA CANAPA

Vanna Vivoli, marzo 2000

I Fenici la usavano per fabbricare le vele, non da America's Cup ma abbastanza robuste da oltrepassare le colonne d'Ercole. Gutenberg ci ha stampato la Bibbia. La regina Vittoria la prendeva per curare i dolori mestruali. Stiamo parlando della canapa, che per millenni è stata usata per fare tessuti e che ora riappare sulla scena da un palcoscenico particolare: al maestro Claudio Abbado hanno regalato un frac di cannabis per l'inaugurazione della stagione lirica del teatro dell'Opera di Ferrara.

Claudio Botta, responsabile della linea jeans di Armani e presidente del Consorzio Canapaitalia, spiega: «E' un materiale da cui ci aspettiamo molto. Il successo dei prodotti di lino biologico e cotone ecologico è in continuo aumento. La canapa ha caratteristiche superiori: la sua fibra lunga e lucida è calda d'inverno e fresca d'estate. E infatti fino al 1920 l'80% dei tessuti era fatto di questo materiale. Poi, tra gli anni Cinquanta e i Sessanta, i costi sono aumentati sempre di più, e poco tempo dopo la canapa è sparita definitivamente dal mercato con l'arrivo delle fibre sintetiche. Adesso si annuncia però una nuova stagione: la canapa potrebbe infatti rientrare dalla porta principale conquistando un ruolo importante nel "made in Italy"».

In passato l'Italia è stata, con la Russia, la più grande produttrice di canapa. Poi, all'offensiva commerciale dei derivati del petrolio, si è aggiunta anche la legge Cossiga del 1977 che, per evitare l'uso della pianta come stupefacente, ha ordinato la distruzione di tutte le coltivazioni. Per vent'anni quindi la canapa è sparita dalle campagne italiane lasciando il monopolio della più tradizionale delle fibre alla Cina e ai Paesi dell'Est. Solo nel 1998 è riapparsa con una piccola produzione sperimentale organizzata dal Consorzio Canapaitalia che ora chiede l'abrogazione della legge Cossiga, in modo da dare spazio ad un mercato che promette di crescere rapidamente.

«Non bisogna confondere l'uso della cannabis come droga con gli altri usi. Sulle droghe leggere c'è un dibattito aperto, ma quest'incertezza non può compromettere l'uso commerciale di una pianta utilissima per l'equilibrio ambientale. La cannabis è infatti l'unica pianta in grado di catturare l'ossigeno e contemporaneamente di fissare l'azoto nel terreno aumentandone la fertilità» precisa Alberto Fiorillo, vicedirettore di «Nuova ecologia», il mensile che insieme a Legambiente sponsorizza il rilancio della canapa. Oggi alcuni dei vecchi usi (dall'olio per illuminazione al tessuto per le vele) non sono riproponibili, ma altri sono diventati più che mai attuali: l'olio e i semi di canapa hanno un alto valore nutrizionale e la carta di canapa è molto pregiata.

rispondiamo sul testo

1. A chi è stato regalato un frac di canapa e per quale circostanza?
2. Perché fra gli anni '50 e i '60 la canapa è sparita dal mercato?
3. Che cosa proibisce la legge Cossiga del 1977?
4. Chi ha deciso di promuovere il rilancio della produzione della canapa in Italia?

dizionario

aggiungere: unire, sommare
aumentare: crescere
derivato: prodotto ottenuto da un altro prodotto
evitare: eludere, schivare
fabbricare: fare, produrre
lucido: brillante, lucente
oltrepassare: superare, andare oltre
palcoscenico: settore di un teatro riservato alla rappresentazione
pregiato: apprezzato, di valore
riproponibile: che può essere proposto di nuovo
robusto: forte, resistente
stupefacente: droga, narcotico
vela: pezzo di tessuto usato per permettere a una barca di muoversi con il vento

1. La regina Vittoria usava la canapa
contro i dolori mestruali?
a. sì, l'aveva usato
b. sì, l'ha usate
c. sì, la usava

2. La canapa è una fibra:
a. per cui si parla molto
b. con cui si fanno molte cose
c. che piaccia a tutti

3. La canapa ha caratteristiche superiori:
a. con il cotone e il lino
b. per il cotone e il lino
c. al cotone e al lino

4. L'Italia a la Russia erano:
a. dei grandissimi produttori di canapa
b. maggiori produttrici di canapa
c. le più grandi produttrici di canapa

38

competenza linguistica

Completare il paragrafo dell'articolo mettendo al posto giusto le seguenti parole:

altri – ambientale – aperto – bisogna – come – fissare grado – infatti – leggere – può

«Non .... confondere l'uso della cannabis .... droga con gli .... usi. Sulle droghe .... c'è un dibattito ...., ma questa incertezza non .... compromettere l'uso commerciale di una pianta utilissima per l'equilibrio .... La cannabis è .... l'unica pianta in .... di catturare l'ossigeno e contemporaneamente di .... l'azoto nel terreno aumentandone la fertilità» precisa Antonio Fiorillo, vice direttore di «Nuova ecologia».

vero o falso?

v.   f.

☐ ☐   1. Gutenberg ha stampato il primo libro con carta pergamena.
☐ ☐   2. La fibra della canapa è lunga e lucida.
☐ ☐   3. Oggi i maggiori produttori di canapa sono la Cina e i Paesi dell'Est.
☐ ☐   4. La canapa era usata in passato come olio per l'alimentazione.

riassumere il testo

costume

Parte II

ANZIANI MA GIOVANISSIMI

Alessandro Coppini, marzo 1999

Comprano case al mare o in montagna, fanno viaggi, vanno in crociera, spendono moltissimi soldi in prodotti di bellezza e in divertimenti. In una società come la nostra, che ogni anno diventa sempre più vecchia, sono proprio le persone che hanno superato i 60 anni a muovere in larga parte il mercato dei consumi. La realtà sta cambiando o forse è già cambiata. I responsabili delle principali agenzie pubblicitarie italiane affermano infatti che i «nuovi» anziani hanno già sottratto ai giovani il primato di consumatori più frenetici. Questo cambiamento è avvenuto non solo perché gli anziani sono cresciuti di numero, ma anche e soprattutto perché sono cambiate le condizioni di vita. I «vecchi» di oggi sono sempre più in forma e possono contare su una maggiore disponibilità economica rispetto al passato. Si sentono giovani e vogliono apparire giovani, e per questo sono disposti a spendere: comprano vestiti o scarpe seguendo la moda, vanno in palestra, curano l'aspetto fisico con l'aiuto dei cosmetici e anche della chirurgia plastica.

E la pubblicità si adegua, promuovendo campagne in cui gli anziani diventano protagonisti e offrono un'immagine molto diversa da quella tradizionale. Spariscono dalle inserzioni i «nonni» che fanno tenerezza o provocano compassione e al loro posto compaiono arzilli vecchietti che indossano jeans, bevono bibite, guidano auto potenti, prendono il sole su spiagge esotiche e interpretano ruoli sempre più trasgressivi. In un recente sondaggio, effettuato tra persone di età superiore ai 60 anni, è risultato infatti che il 65% degli intervistati non si riconosceva nell'immagine tipica che la pubblicità offriva degli anziani, e il 22% ha dichiarato addirittura di essere talmente irritato da questa immagine da rifiutare il prodotto proposto. Che fare? Ovviamente cambiare: nessuno meglio dei pubblicitari sa che la pubblicità è l'anima del commercio!

rispondiamo sul testo

1. Perché oggi gli anziani sono protagonisti di molte campagne pubblicitarie?
2. Quale immagine degli anziani mostrano queste campagne?
3. Perché i pubblicitari hanno deciso di modificare la tradizionale immagine dei «nonni»?
4. Perché, secondo un sondaggio effettuato fra persone di età superiore a 60 anni, il 22% degli intervistati ha dichiarato di rifiutare il prodotto proposto da alcune campagne pubblicitarie?

dizionario

adeguarsi: adattarsi, conformarsi
anziano: persona di età avanzata
arzillo: giovanile, pieno di vita
bibita: bevanda dissetante, quasi sempre analcolica
chirurgia plastica: settore della chirurgia che corregge difetti estetici
disposto: favorevole, incline
inserzione: annuncio pubblicitario, notizia a pagamento
irritato: arrabbiato, infastidito
primato: record
sondaggio: ricerca, inchiesta
sottrarre: togliere, levare

1. Oggi, rispetto al passato, gli anziani hanno:
a. una minore disponibilità economica
b. una maggiore disponibilità economica
c. la stessa disponibilità economica

2. Gli anziani curano il loro aspetto fisico con l'aiuto:
a. dei cosmonauti
b. dei comici
c. dei cosmetici

3. I «nonni» moderni vogliono:
a. apparire giovani
b. sembrare più vecchi
c. spendere pochi soldi

4. Nelle inserzioni pubblicitarie compaiono sempre più spesso vecchietti che indossano:
a. auto potenti
b. bibite
c. jeans

42

competenza linguistica

Completare le seguenti frasi con il presente indicativo dei verbi in parentesi:

1. Il «nuovo» anziano (fare) ……………….. spesso viaggi.

2. Il «nuovo» anziano (andare) ……………….. spesso in crociera.

3. Il «nuovo» anziano (spendere) ……………….. moltissimi soldi in prodotti di bellezza.

4. Il «nuovo» anziano (seguire) ……………….. spesso la moda.

5. Il «nuovo» anziano (sottrarre) ……………….. ai giovani il primato di consumatore più frenetico.

6. Il «nuovo» anziano (diventare) ……………….. protagonista di campagne pubblicitarie.

spunti per la conversazione

1. Perché gli anziani di oggi sono differenti dagli anziani di ieri?
2. Quali sono i maggiori problemi della «terza età»?
3. Secondo voi è giusto modificare il proprio aspetto con la chirurgia plastica per sembrare più giovani?
4. Nel vostro Paese sono state prese iniziative per non escludere gli anziani dalla vita sociale?

riassumere il testo

TUTTI ATTORI, REGISTI O GIORNALISTI

Vanna Vivoli, marzo 1999

Desiderano conoscere, viaggiare, ma anche apparire, farsi vedere e sentire. E quindi sognano professioni che, secondo loro, soddisfano queste voglie: l'attore, il regista o il giornalista. Queste sono le aspirazioni dei ragazzi italiani secondo un'inchiesta del Censis sui giovani e il loro rapporto con l'informazione, la cultura, il cinema.

Quella dei giovani di oggi è una generazione che si informa: guarda la Tv, va al cinema (non molto spesso ma con molto piacere) ed è meno indifferente ai libri e alla lettura di quanto si possa immaginare (il 97% degli intervistati legge almeno un quotidiano ogni tanto, l'88,5% almeno un libro all'anno e il 40,2% da due a quattro).

I giovani leggono per il piacere di farlo, per evadere, per essere informati. I generi letterari che preferiscono sono fantascienza, avventura, musica, storia, tecnica e informatica.

Quelli che leggono i giornali si appassionano alla cronaca, la «nera» in particolare, ma anche all'attualità, agli spettacoli e allo sport. C'è anche chi è più impegnato e legge recensioni di libri, acquista riviste specializzate o segue premi letterari. I giovani giudicano buono il livello dei quotidiani, anche se li trovano eccessivamente politicizzati, troppo inclini alla spettacolarizzazione delle notizie e al pettegolezzo.

Al cinema - a cui chiedono «emozioni profonde» - i giovani vanno in media una volta al mese cercando soprattutto belle storie. Sono anche affascinati dalle professioni legate a questo mondo: l'85% degli intervistati sogna infatti di fare l'attore, mentre al 75% piacerebbe diventare regista, non tanto per essere famoso quanto per esprimere le proprie idee e la propria creatività. Il 55,8%, infine, è convinto che il cinema serva a far sviluppare le capacità critiche e vorrebbe farlo entrare nella scuola, mentre il 38,5% inserirebbe volentieri fra le materie di studio anche il teatro e la recitazione.

dizionario

acquistare: comprare
cronaca: notizie del giorno
cronaca nera: notizie di fatti criminali
evadere: scappare, fuggire dalla monotonia della vita
impegnato: intellettuale, che prova interesse per problemi importanti
incline: orientato, portato
legato: collegato, unito
pettegolezzo: discorso malizioso e indiscreto su qualcuno o sul suo comportamento
quotidiano: giornale pubblicato ogni giorno
recensione: articolo di critica (su film, libri, spettacoli ecc.)
recitazione: l'arte dell'attore
regista: chi dirige un film, uno spettacolo teatrale o televisivo
rivista: pubblicazione periodica illustrata (settimanale, mensile ecc.)
voglia: desiderio, aspirazione
volentieri: con piacere, con gioia
sviluppare: aumentare, migliorare

rispondiamo sul testo

1. Quali generi letterari preferiscono i giovani italiani?
2. Qual è il loro giudizio sui quotidiani?
3. Che cosa cercano quando vanno al cinema?
4. Perché a molti di loro piacerebbe diventare regista?

1. Circa 9 giovani su 10 leggono ogni anno almeno:
a. un libro
b. due libri
c. quattro libri

2. Sui giornali i giovani leggono soprattutto articoli di:
a. cronaca rosa
b. cronaca nera
c. finanza

3. Molti giovani sono affascinati dalle professioni legate al mondo:
a. della moda
b. della politica
c. del cinema

4. Circa il 40% dei giovani vorrebbe inserire tra le materie scolastiche la:
a. recitazione
b. composizione
c. contestazione

competenza linguistica

Mettere la forma corretta dell'aggettivo dimostrativo quello davanti ai seguenti nomi:

1. ....professione
2. ....cinema
3. ....giovani
4. ....quotidiano
5. ....avventura
6. ....spettacoli
7. ....sport
8. ....notizie
9. ....studio
10. ....attore

vero o falso?

v. f.

☐ ☐ 1. Ai giovani italiani non piace viaggiare.

☐ ☐ 2. I generi letterari che preferiscono sono filosofia, fisica e matematica.

☐ ☐ 3. Quella dei giovani d'oggi è una generazione che ama informarsi.

☐ ☐ 4. I giovani italiani vanno in media al cinema due volte al mese.

riassumere il testo

COM'E' COMODO VIVERE IN FAMIGLIA!

Annalisa Rossi, marzo 1996

La popolazione italiana è invecchiata, il numero degli anziani supera quello degli adolescenti, il tasso di natalità è sotto zero e il 30% dei giovani vive con i genitori almeno fino all'età di trent'anni. Ma perché? Sono tutti «innamorati» della mamma o semplici «parassiti irresponsabili» (secondo una definizione del cardinale Biffi, Arcivescovo di Bologna) che preferiscono le comodità dell'essere figlio alle difficoltà di crearsi una famiglia propria? Le ragioni di questa situazione sono in realtà molto più complesse.

Secondo Carla Facchini, docente di Sociologia della Famiglia all'Università Statale di Milano, «il fattore determinante è l'impossibilità di trovare casa: il 70% degli italiani possiede un appartamento, quindi il mercato degli affitti è ridottissimo. Non si costruiscono case per i giovani e non è facile avere denaro in prestito dalle banche».

«Il secondo fattore - dice ancora Carla Faccini - è la mancanza di lavoro». La disoccupazione tra i giovani, in alcune zone d'Italia, raggiunge anche il 35%. Eppure, stranamente, sono i figli delle classi più agiate che restano più a lungo in famiglia. Per esempio a Ferrara, nella ricca Emilia Romagna, i giovani tra i 25 e i 34 anni che vivono con i genitori sono quasi il 36%, mentre a Caserta, dove la disoccupazione è molto più alta, sono solo il 27%. Al Sud ci si sposa di più e si fanno più figli, nonostante le minori possibilità economiche. «Nel prospero Nord-Est d'Italia molti ventenni hanno una motivazione fortissima che li spinge a lavorare per essere indipendenti economicamente, ma quando lo diventano sono ancora immaturi dal punto di vista affettivo ed emotivo, quindi impreparati a formare una famiglia» spiega Giuseppe Roma, direttore del Censis (Centro studi investimenti sociali).

rispondiamo sul testo

1. Chi è Carla Facchini?
2. Secondo lei qual è la causa principale per cui i giovani italiani restano a vivere con i genitori anche fino a trent'anni?
3. Chi è Giuseppe Roma?
4. Perché secondo lui i giovani del Sud Italia si sposano prima e fanno più figli di quelli del Nord-Est?

dizionario

adolescente: ragazzo/a fra i 13 e i 18 anni
affitto: locazione
agiato: ricco
anziano: persona di età avanzata
comodità: vantaggio, facilità
denaro: soldi
disoccupazione: mancanza di lavoro
docente: professore di università
possedere: avere
raggiungere: arrivare a
ridotto: limitato, ristretto
spingere: stimolare, indurre
tasso: livello, quoziente

scelta multipla

1. Il cardinale Biffi ha detto che i giovani che rimangono a vivere in famiglia sono:
a. economicamente indipendenti
b. affettivamente immaturi
c. parassiti irresponsabili

2. Il 70% degli italiani:
a. è disoccupato
b. possiede un appartamento
c. fa un lavoro indipendente

3. Per un giovane ottenere un prestito dalle banche è:
a. difficile
b. facile
c. impossibile

4. Quale di queste città non è in Emilia-Romagna?
a. Ferrara
b. Bologna
c. Caserta

competenza linguistica

Completare le seguenti frasi con il passato prossimo dei verbi in parentesi:

1. Negli ultimi anni la popolazione italiana (invecchiare) ……………..……… .

2. Il numero degli anziani (superare) …………..... quello degli adolescenti.

3. In alcune zone d'Italia la disoccupazione giovanile (raggiungere) …………………….. il 35%.

4. Quel ragazzo (vivere) …………………… con i genitori fino a trent'anni.

5. Mio padre e mia madre (sposarsi) …………………… molto giovani.

6. Mia madre (diventare) …………………… indipendente economicamente dopo la laurea.

vero o falso?

v.　f.
☐　☐　1. Il cardinale Biffi è l'arcivescovo di Caserta.

☐　☐　2. In Italia trovare una casa in affitto è molto facile.

☐　☐　3. La mancanza di lavoro è una delle ragioni per cui i giovani restano così a lungo in famiglia.

☐　☐　4. Giuseppe Roma è il direttore del Censis.

riassumere il testo

UNO SU QUATTRO PREFERISCE L'ESTERO

Alessandro Coppini, febbraio 1997

Secondo un'indagine dell'istituto di statistica Eurispes il 20% della popolazione adulta italiana vorrebbe andare a vivere all'estero. La maggior parte degli aspiranti «fuggitivi» abita nel Sud (che in fatto di emigrazione ha senza dubbio una tradizione notevole) ed è formato da persone di buon livello culturale che appartengono soprattutto a due categorie: i liberi professionisti e gli imprenditori.

Ma dove andare? Il «sogno americano» è duro a morire e affascina ancora la percentuale maggiore di chi ha espresso il desiderio di abbandonare l'Italia. L'America piace perché, secondo gli intervistati, può offrire alle future generazioni le migliori garanzie di lavoro.

A breve distanza dagli Stati Uniti si piazza la Francia. A desiderare Parigi sono più donne che uomini, attratte al di là delle Alpi soprattutto da una situazione politico-culturale che giudicano migliore di quella italiana.

Se la Francia è la destinazione preferita delle classi sociali culturalmente più evolute e con meno problemi economici, l'Europa del nord - ed in particolare la Germania - continua a restare il sogno di chi abita nelle nostre regioni meridionali, specialmente se sono operai non specializzati.

Comunque il terzo posto, a sorpresa, è occupato dall'Australia, con questa motivazione di scelta: perché è il Paese in cui è più facile riconquistare un corretto rapporto con la natura, vivendo lontano dai ritmi stressanti e dall'affollamento dei Paesi industrializzati.

Se un quinto degli italiani esprime il desiderio di cambiare Paese significa anche che il restante 80% non ha nessuna intenzione di emigrare. Questi italiani considerano quindi una fortuna essere nati in Italia? Bisogna subito dire che, rispetto al passato, sono diminuiti drasticamente sia i pessimisti che gli ottimisti. Oggi la maggior parte dei nostri connazionali giudica l'essere nato in Italia un evento né catastrofico né eccezionalmente fortunato. I soddisfatti apprezzano soprattutto la grande libertà che esiste nel nostro Paese, la sua tradizione culturale e l'attuale situazione di benessere economico.

dizionario

affascinare: attrarre, incantare
affollamento: concentramento di persone
appartenere: fare parte
benessere: prosperità, ricchezza
connazionale: della stessa nazione
drasticamente: notevolmente, radicalmente
evoluto: progredito, sviluppato
garanzia: sicurezza, certezza
imprenditore: chi esercita autonomamente un'attività produttiva o commerciale
indagine: studio, ricerca
meridionale: del Sud
notevole: degna di nota, considerevole
operaio: lavoratore, salariato
piazzarsi: classificarsi
restante: rimanente

rispondiamo sul testo

1. Qual è la tipologia dell'italiano che desidera andare a vivere all'estero?
2. Perché l'America affascina la percentuale maggiore di chi vuole abbandonare l'Italia?
3. Qual è la destinazione preferita di chi abita nelle nostre regioni del Sud Italia?
4. Qual è la motivazione di chi vorrebbe andare a vivere in Australia?
5. Chi non desidera andare a vivere all'estero, che cosa apprezza di più del nostro Paese?

scelta multipla

1. Molte donne italiane vorrebbero vivere:
a. in Germania
b. a Parigi
c. in Australia

2. La Francia è apprezzata soprattutto per:
a. le possibilità di lavoro
b. il clima
c. la cultura

3. Secondo gli italiani l'Australia è:
a. poco affollata
b. apprezzata dai liberi professionisti
c. preferita da chi ha problemi economici

4. La maggior parte degli aspiranti emigranti abita nell'Italia:
a. centrale
b. meridionale
c. settentrionale

competenza linguistica

Completare le seguenti frasi con il condizionale presente dei verbi in parentesi:

1. Il 20% della popolazione adulta italiana (andare) .... volentieri a vivere all'estero.

2. Secondo l'indagine dell'Eurispes il «sogno americano» (affascinare) ……..........…. la percentuale maggiore delle persone che (volere) …….........…. abbandonare l'Italia.

3. L'Europa del Nord (continuare) ………..............…. a restare il sogno delle persone meno istruite.

4. Sono moltissimi gli italiani che non (avere) ……............. nessuna intenzione di cambiare Paese.

spunti per la conversazione

1. Vi piacerebbe andare a vivere in un Paese diverso dal vostro?
2. In caso di risposta negativa, perché non vorreste abbandonare il vostro Paese?
3. In caso di risposta positiva, quale Paese sceglireste e perché?
4. Secondo voi quali sono le difficoltà maggiori di una persona che va a vivere in un Paese diverso dal suo?
5. Secondo voi quali sono le ragioni più frequenti che portano una persona a decidere di andare a vivere lontano dal suo Paese d'origine?

riassumere il testo

DICIASSETTE MILIONI DI SQUILLI

Annalisa Rossi, gennaio 1999

Fastidiosi squilli e musichette ripetitive viaggiano nell'aria, si incrociano, si sovrappongono per strada, nei ristoranti, a teatro, al cinema e perfino in chiesa. Sono i suoni dei 17 milioni di telefonini portatili, i cosiddetti cellulari, che un italiano su tre possiede ed usa senza il minimo senso di riservatezza e rispetto per il prossimo. Questa cifra rappresenta un record per l'Europa: in Germania ce ne sono 10 milioni e in Francia 7. Il nostro primato è superato solo da Stati Uniti (56 milioni) e Giappone (29 milioni), che però hanno una popolazione molto superiore a quella italiana.

L'invadente telefonino ha profanato anche la scuola e interrompe sempre più spesso il normale corso delle lezioni. La primavera scorsa un liceo scientifico di Varese è finito su tutti i giornali perché metà dei suoi studenti possedeva un cellulare. La notizia ha fatto scalpore ed è stata perfino oggetto di un dibattito in Parlamento, da cui è emerso che nelle scuole abusano del cellulare non solo i ragazzi ma anche gli insegnanti. A questo punto è intervenuto il ministro della Pubblica Istruzione, Luigi Berlinguer, che ha imposto regole molto rigide a tutte le direzioni scolastiche, vietando l'uso del cellulare all'interno delle scuole, sia a studenti che a insegnanti. Molti professori si sono arrabbiati, dichiarando che il ministro aveva esagerato e che nella scuola italiana ci sono problemi ben più gravi da risolvere. Psicologi e pedagogisti, invece, si sono schierati dalla sua parte, sostenendo che «il telefonino è diseducativo e aumenta l'ansia».

Comunque le cose non vanno meglio in Parlamento. Anche se da qualche anno è vietato l'uso dei cellulari durante le sedute di Camera e Senato, deputati e senatori non rispettano le direttive che loro stessi hanno approvato e continuano a fare e ricevere telefonate. Ma non dovrebbero essere proprio loro a dare il buon esempio?

49

rispondiamo sul testo

1. Quanti telefonini portatili c'erano in Italia nel 1998?
2. Perché un liceo scientifico di Varese è finito su tutti i giornali?
3. Che iniziativa ha preso il ministro della Pubblica istruzione?
4. Perché molti professori si sono arrabbiati con lui?

dizionario

cifra: numero
dibattito: discussione
emergere: risultare, venire fuori
fastidioso: noioso, irritante
incrociarsi: incontrarsi, intersecarsi
possedere: avere
primato: record
profanare: violare, contaminare
rigido: duro
riservatezza: discrezione
scalpore: impressione, risonanza
schierarsi: prendere posizione
seduta: riunione parlamentare (o di altra istituzione pubblica)
sovrapporsi: mettersi uno sopra l'altro
squillo: suono acuto di breve durata

1. In Italia ci sono meno cellulari che in:
a. Francia
b. Giappone
c. Germania

2. Sull'uso dei cellulari a scuola c'è stato in Parlamento:
a. un primato
b. una seduta
c. un dibattito

3. Secondo pedagogisti e psicologi il telefonino è:
a. cellulare
b. diseducativo
c. scolastico

4. Rispetto all'Italia gli Stati Uniti hanno una popolazione:
a. minore
b. inferiore
c. superiore

competenza linguistica

Trovare l'aggettivo corrispondente ai seguenti nomi:

1. squillo ....
2. teatro ....
3. cinema ....
4. riservatezza ....
5. telefono ....
6. primavera ....
7. studente ....
8. giornale ....
9. scuola ....
10. problema ....

vero o falso?

v. f.

☐ ☐ 1. Nessun italiano usa il telefono cellulare in chiesa.

☐ ☐ 2. Nelle scuole abusano del cellulare anche gli insegnanti.

☐ ☐ 3. Secondo psicologi e pedagogisti l'uso del telefonino aumenta l'ansia.

☐ ☐ 4. Deputati e senatori rispettano sempre la direttiva parlamentare di non usare il cellulare durante le sedute di Camera e Senato.

riassumere il testo

LA NUOVA FILOSOFIA DELLO «SCAMBIO»

Margherita Sanò, febbraio 1996

Come liberarsi intelligentemente di regali non graditi, di vestiti fuori moda, di mobili che non sappiamo più dove mettere? La soluzione c'è. Anche in Italia stanno moltiplicandosi agenzie specializzate in scambi, giornali di annunci gratuiti, negozi in cui è possibile vendere o comprare oggetti di seconda mano. Il luogo ideale per questo genere di compravendita è il «Mercatino dell'usato», una catena di negozi presente in 28 città, che funziona secondo un meccanismo abbastanza semplice: chi vuole liberarsi di un oggetto lo porta al Mercatino, stabilisce il prezzo con il gestore e lo lascia in esposizione per due mesi; se l'oggetto sarà venduto riceverà il 65 % del ricavato, in caso contrario lo riprenderà senza alcuna spesa. Al Mercatino si trova di tutto: basta saper cercare ed avere fortuna!

Un altro aspetto di questa nuova filosofia del baratto riguarda le abitazioni. Lo scambio-casa, diffuso in quasi tutto il mondo, sta infatti interessando sempre di più anche gli italiani, da sempre abbastanza gelosi delle loro mura domestiche. In questo caso si tratta di mettere la propria casa a disposizione di altri e di utilizzare, nello stesso periodo, quella dei nostri ospiti (che naturalmente si trova in un'altra città o, più spesso, in un'altra nazione). I vantaggi sono molti: è possibile cambiare destinazione ad ogni vacanza, si risparmia sulle spese di alloggio e si parte tranquilli, sapendo che qualcuno vigilerà sull'abitazione in nostra assenza. Lo scambio-casa è infatti molto sicuro. «In vent'anni di attività non c'è mai stato un furto» assicura Annalisa Pujatti, titolare dell'agenzia specializzata «Casavacanze». Gli «scambisti» sono selezionati con cura e stabiliscono fra loro regole precise: la presenza o meno di animali, il permesso di usare gli elettrodomestici, la possibilità di ospitare amici o parenti.

rispondiamo sul testo

1. Che cos'è il «Mercatino dell'usato»?
2. Dove si trova?
3. Come funziona lo scambio-casa?
4. Quali sono i vantaggi che offre?
5. Lo scambio-casa è sicuro?

dizionario

alloggio: abitazione
di seconda mano: usato
elettrodomestico: apparecchio elettrico usato in casa
furto: l'atto di rubare
gradito: bene accetto
gratuito: gratis, non pagato
ricavato: guadagno, incasso
risparmiare: pagare meno, economizzare
scambio: dare una cosa e riceverne un'altra
vigilare: fare buona guardia, tenere d'occhio

scelta multipla

1. Al Mercatino il prezzo di un oggetto è stabilito dal:
a. gestore
b. proprietario e dal gestore
c. compratore

2. In Italia ci sono giornali di annunci:
a. mobili
b. gratuiti
c. scambi

3. Scambiando la casa si risparmia sulle spese:
a. di manutenzione
b. alimentari
c. di alloggio

4. «Casa Vacanze » è:
a. un'agenzia
b. un negozio
c. un elettrodomestico

competenza linguistica

Completare il paragrafo dell'articolo mettendo al posto giusto le seguenti parole:

anche - baratto - mura - nello - ospiti - propria - quasi - questa - si - sempre - spesso - sta - trova

Un altro aspetto di .... nuova filosofia del .... riguarda le abitazioni. Lo scambio-casa, diffuso in .... tutto il mondo, ... infatti interessando sempre di più .... gli italiani, da .... abbastanza gelosi delle loro .... domestiche. In questo caso .... tratta di mettere la .... casa a disposizione di altri e di utilizzare, ... stesso periodo, quella dei .... ospiti (che naturalmente si .... in un'altra città o, più ...., in un'altra nazione).

spunti per la conversazione

1. Che cosa pensate dei negozi come il «Mercatino dell'usato»?
2. Avete mai comprato oggetti di seconda mano e, se lo avete fatto, siete rimasti soddisfatti dell'acquisto?
3. Vi sembra una buona idea quella dello scambio-casa?
4. Secondo voi quali possono essere gli svantaggi per questo tipo di soluzione per le vacanze?

riassumere il testo

L'INNATA ELEGANZA DELL'UOMO ITALIANO

Donella Presenti, aprile1997

Buon gusto, classe, eleganza. Nella raffinata arte di combinare colori e tessuti, di scegliere scarpe e cinture gli uomini italiani sono i migliori al mondo. E' questa l'opinione della giornalista Robin Givhan che, sulle pagine del «Washington Post», ha scritto: «Gli italiani, per la maggior parte, hanno una sicurezza nell'essere alla moda che li distingue dai loro fratelli nel continente e oltreoceano».

Il giornalista Guido Vergani ha commentato così il giudizio della collega americana: «Perché dobbiamo sorprenderci? Da sempre siamo i più eleganti del mondo. Certo, per molti anni siamo stati in concorrenza con gli inglesi, ma adesso li abbiamo battuti. I francesi, i tedeschi, gli americani ... meglio non fare commenti sul loro abbigliamento. Vestire bene per noi è un istinto ed anche una cosa molto importante: basta pensare ai napoletani, pronti per tradizione a fare debiti con il proprio sarto piuttosto che rinunciare al piacere di una nuova giacca».

Il «Washington Post» elenca anche le regole vincenti dell'«italian style»: abiti mai sgualciti, tessuto di ottima qualità, colori «mescolati come sulla tavolozza di un pittore», pantaloni con la piega, camicie mai bianche ma azzurre o giallo chiaro.

«Per quanto riguarda gli accessori - dice il «Post» - raramente vedrete un italiano che va al lavoro con una rigida valigetta 24 ore che lo fa sembrare un burocrate. Preferisce portare borse di pelle morbida, che appoggia su una spalla con raffinata disinvoltura». Esiste poi un particolare importantissimo che non bisogna assolutamente dimenticare: i calzini. «Mai – scrive Robin Givhan - l'uomo italiano porta i calzini corti, perché quando accavalla le gambe non vuole mostrare un'antiestetica striscia di pelle».

Su quest'ultima osservazione siamo tutti d'accordo. Perfino nello spot pubblicitario di un liquore i calzini corti sono la causa di un vero dramma del cuore e dei sensi. Una scena di seduzione, infatti, si interrompe di colpo quando gli occhi di lei, sofisticata ed elegante, cadono per caso sulla caviglia scoperta dell'uomo che la sta abbracciando su un divano. Davanti a tanta volgarità la donna non può che fuggire inorridita!

rispondiamo sul testo

1. Secondo il quotidiano «Washington Post», in che cosa gli uomini italiani sono i migliori del mondo?
2. Chi ha scritto l'articolo che parla di loro?
3. Il giornalista Guido Vergani è in accordo o in disaccordo con le affermazioni contenute nell'articolo?
4. Sempre secondo il quotidiano americano, che tipo di borse preferiscono portare gli italiani?
5. Che problema c'è con i calzini?

dizionario

abbigliamento: modo di vestire
appoggiare: mettere sopra
accavallare la gambe: mettere una gamba sopra l'altra
battere: superare, vincere
caviglia: parte del corpo tra il piede e la gamba
combinare: mettere insieme, unire
commento: osservazione, annotazione
concorrenza: competizione
disinvoltura: spontaneità, sicurezza
fuggire: scappare
mescolato: unito, messo insieme
piuttosto: invece, anziché
rigido: duro
scoperto: nudo, non coperto
sgualcito: pieno di pieghe, non stirato

1. Gli uomini italiani sono i più eleganti:
a. per sempre
b. da sempre
c. di sempre

2. I napoletani sono pronti a fare debiti con i:
a. sarti
b. colleghi
c. burocrati

3. Gli uomini eleganti:
a. portano sempre camicie bianche
b. non portano mai camicie bianche
c. non portano le camicie

4. Gli abiti degli uomini eleganti non devono essere:
a. morbidi
b. raffinati
c. sgualciti

competenza linguistica

Completare le seguenti frasi con il presente indicativo dei verbi in parentesi:

1. Mi (sembrare) ……………………… che quella giornalista scriva sul «Washington Post».

2. (Essere) ……………….. meglio non fare commenti sull'abbigliamento di francesi, tedeschi e americani!

3. Per quanto (riguardare) …………………….. gli accessori, ogni italiano (preferire) ……………………… indossare cinture di pelle.

4. I calzini (essere) ……………. un particolare che non (bisognare) …………………….. assolutamente trascurare.

5. Le donne (fuggire) ………...……… via dagli uomini volgari.

spunti per la conversazione

1. Vi piace la moda italiana? C'è uno stilista che preferite?
2. Secondo voi è importante il modo di vestire?
3. Che tipo di abbigliamento preferite?
4. Seguite la moda o no?
5. Perché, secondo voi, oggi la moda cambia molto più rapidamente che in passato?
6. Chi determina questi cambiamenti?

riassumere il testo

ALLA MODA SENZA RISCHIARE

Alessandro Coppini, novembre 1997

Negli ultimi anni c'è stata una vera esplosione della moda del tatuaggio e del piercing. Un numero non indifferente di persone, principalmente giovani e giovanissimi, sceglie sempre più spesso di decorare il proprio corpo con disegni di ogni tipo o di perforarsi orecchie, naso, labbra o altre parti morbide per poi applicarci anelli o spille. Queste pratiche possono però risultare abbastanza pericolose per la salute. Se infatti l'intervento, in ogni caso di una certa violenza, non avviene nel rispetto delle principali regole igieniche c'è anche il rischio di contrarre qualche grave malattia infettiva, come epatite virale o aids.

Per questa ragione il nostro Ministero della Sanità ha incaricato un gruppo di esperti di elaborare un regolamento che offra ogni garanzia di sicurezza dal punto di vista sanitario agli amanti di tatuaggi e piercing. E adesso gli esperti, a conclusione del loro lavoro, hanno presentato una serie di proposte che molto probabilmente diventeranno presto norme ufficiali e obbligatorie di comportamento.

Ecco alcune delle principali indicazioni. In futuro potranno fare tatuaggi e piercing come attività professionale solo le persone che abbiano frequentato la scuola per non meno di 10 anni e abbiano seguito un regolare corso di apprendimento tecnico di almeno 30 ore. Il corso comprenderà alcune materie obbligatorie, fra cui anatomia, igiene, studio delle malattie infettive e metodi per la sterilizzazione degli strumenti. Alla fine ci sarà un esame, e chi lo supererà riceverà un certificato che gli permetterà di iscriversi all'albo delle attività artigiane e di cominciare ad esercitare la professione.

Per esercitare la professione l'operatore dovrà disporre di locali con pareti lavabili e forniti di acqua calda e fredda per il lavaggio degli strumenti. Il materiale pulito dovrà essere conservato in una zona differente da quello utilizzato. Prima di cominciare l'operatore dovrà informare il cliente, con l'aiuto di schede elaborate dal Consiglio Superiore di Sanità, sul metodo di lavoro e sui rischi che si corrono se non vengono usate buone norme di sicurezza sanitaria. Le autorità sanitarie regionali effettueranno frequenti controlli per verificare l'effettiva applicazione di queste norme.

rispondiamo sul testo

1. Perché tatuaggi e piercing possono essere pericolosi per la salute?
2. Che iniziativa ha preso il nostro ministero della Sanità?
3. Che caratteristiche dovranno avere i locali in cui si effettuano tatuaggi e piercing?
4. Che cosa dovranno fare le autorità sanitarie regionali?

dizionario

albo: registro, lista
applicare: mettere, attaccare
avvenire: accadere, avere luogo
comportamento: modo di fare, di agire
contrarre una malattia: ammalarsi, rimanere affetto da una malattia
disporre: avere a disposizione
fornito: dotato, equipaggiato
incaricare: commissionare a, affidare a
intervento: operazione (chirurgica)
locale: luogo, stanza
perforarsi: bucarsi
sanitario: della salute, igienico
strumenti: ferri (chirurgici)

scelta multipla

1. Negli ultimi anni la moda del tatuaggio e del piercing:
a. è elaborata
b. è decorata
c. è esplosa

2. L'epatite virale e l'aids sono malattie:
a. principali
b. infettive
c. affettive

3. Chi vuole fare tatuaggi e piercing come attività professionale dovrà avere frequentato la scuola:
a. per 30 ore
b. per almeno 10 anni
c. di anatomia e igiene

4. Chi supererà l'esame finale del corso riceverà:
a. un albo
b. uno strumento
c. un certificato

competenza linguistica

Completare il seguente paragrafo dell'articolo con l'imperfetto o il trapassato prossimo indicativi dei verbi in parentesi:

In passato (potere) .... fare tatuaggi e piercing come attività professionale solo le persone che (frequentare) .... la scuola superiore e (seguire) .... un regolare corso di apprendimento tecnico. Il corso (comprendere) .... varie materie obbligatorie. Alla fine (esserci) .... un esame e chi lo (superare) .... (ricevere) .... l'idoneità che gli (permettere) .... di esercitare la professione.

spunti per la conversazione

1. Che cosa pensi di tatuaggi e piercing?
2. Se ne hai, perché hai deciso di farteli?
3. Se non ne hai, perché hai preferito non farteli?
4. Secondo te è giusto stabilire delle regole precise per chi pratica la professione?
5. Secondo te dovrebbe esserci un limite minimo di età per farsi tatuaggi e piercing?

riassumere il testo

UN GALATEO PER CHI VA A MESSA

Donella Presenti, edizione estiva 1997

Il giornale cattolico «Avvenire» ha offerto gratuitamente ai suoi lettori un libretto con una serie di regole da rispettare durante la celebrazione dalla messa domenicale e delle varie cerimonie dell'anno liturgico. Questa guida alle buone maniere è stata scritta dal frate domenicano Raimondo Sorgia, che ha usato lo spiritoso pseudonimo di Jean De la Maison jr (in onore di Giovanni Della Casa, autore del celebre Galateo del 1555) e che ha intitolato la sua breve ma chiarissima pubblicazione *Un po' di galateo non guasta* (anche in chiesa). I motivi che hanno spinto frate Sorgia a scrivere il «bon ton della messa» riguardano tutti la scarsa correttezza e la poca concentrazione spirituale che i fedeli dimostrano in chiesa, soprattutto durante le funzioni domenicali. «La confusione - spiega il frate - è davvero tanta. Le persone arrivano in qualunque momento della celebrazione, parlano, si salutano, si informano su parenti e amici. Insomma, sembra che tutte le cose successe durante la settimana debbano essere raccontate proprio durante i cinquanta minuti della messa». A questi vecchi vizi si sono poi aggiunti un'eccessiva disinvoltura nel vestire (anche da parte delle ragazze che leggono dall'altare brani delle Scritture), gli squilli dei telefoni cellulari e l'abitudine di lasciar piangere e correre i bambini come se fossero all'aperto. A questo proposito frate Raimondo commenta: «E' molto meglio che uno dei genitori rinunci alla messa e resti a casa ad occuparsi di un bambino troppo piccolo che in chiesa può solo annoiarsi».

Ecco quali sono i 14 comandamenti del galateo cattolico: 1) Abbi cura della casa di Dio come se fosse la tua; 2) Quando entri in chiesa saluta il Padrone di casa; 3) Se devi compiere un servizio liturgico vestiti con decenza; 4) Cerca di arrivare in orario; 5) Rispondi correttamente alle preghiere; 6) Non stare in piedi quando tutti si inginocchiano (e viceversa); 7) Non mettere fra le elemosine vecchie monete non più valide; 8) Rispetta le file per confessarti e comunicarti; 9) Non parlare durante la funzione; 10) Non far cadere per terra l'acqua santa e la cera delle candele; 11) Spegni il telefonino; 12) Controlla che i bambini non disturbino troppo; 13) Non fare barchette con i fogli delle letture; 14) Mantieni un atteggiamento partecipe.

Riuscirà il libretto di frate Sorgia a riportare un po' d'ordine fra tanta confusione? Speriamo di sì. Anche gli stranieri, d'altra parte, restano spesso perplessi davanti all'atmosfera «informale» che c'è nelle nostre chiese, e si chiedono perché i cattolicissimi italiani non scelgono altri luoghi e altri momenti per scambiarsi pettegolezzi o esibire abiti stravaganti.

rispondiamo sul testo

1. Perché Raimondo Sorgia ha scelto lo pseudonimo di Jean de la Maison jr?
2. Di che cosa parla la sua pubblicazione?
3. Quali sono le cose che molte persone fanno, e non dovrebbero fare, durante la celebrazione della messa?
4. Secondo frate Raimondo che cosa dovrebbero fare i genitori che hanno bambini molto piccoli?

dizionario

annoiarsi: provare noia, stancarsi
atteggiamento: comportamento, modo di fare
brano: parte di una composizione letteraria o musicale
comandamento: regola, norma
comunicarsi: ricevere il sacramento dell'Eucarestia
decenza: decoro, dignità
disinvoltura: audacia
elemosina: carità, beneficenza
fila: coda, linea di persone
inginocchiarsi: mettersi in ginocchio
partecipe: che prende parte, interessato
perplesso: dubbioso, confuso
pettegolezzo: discorso malizioso e indiscreto su qualcuno o sul suo comportamento
pseudonimo: nome d'arte, nome falso
regola: norma, precetto
scambiarsi: dire l'uno all'altro
spingere: persuadere, convincere
squillo: suono acuto di breve durata
vizio: cattiva abitudine, qualità negativa

1. Spesso durante la messa le persone si:
a. abbracciano
b. salutano
c. disturbano

2. La messa dura:
a. un'ora e mezzo
b. più di un'ora
c. meno di un'ora

3. Spesso durante la messa i telefoni cellulari:
a. parlano
b. si annoiano
c. squillano

4. Alla messa bisogna arrivare:
a. in orario
b. in ritardo
c. tardi

competenza linguistica

Completare le seguenti frasi con l'imperativo dei verbi in parentesi:

1. Signora, non (entrare) .... con il telefono cellulare.

2. Bambino, non (correre) .... quando sei in chiesa.

3. Ragazzi, (mettere) .... qualche moneta nella cassetta delle elemosine.

4. Signorina, non (chiacchierare) .... durante l'omelia.

5. Cari fedeli, (avere) .... cura della casa di Dio.

6. Marta, (vestirsi) .... decentemente per andare in chiesa.

vero o falso?

v.	f.	
☐	☐	1. Giovanni Della Casa ha scritto il suo celebre *Galateo* nella seconda metà del XVI secolo.
☐	☐	2. In Italia solo i ragazzi leggono brani delle scritture in chiesa.
☐	☐	3. Gli stranieri apprezzano molto l'atmosfera «informale» che c'è nelle nostre chiese.
☐	☐	4. La chiesa non è un luogo adatto per fare pettegolezzi ed esibire abiti eccentrici.

riassumere il testo

GUARDIE DEL CORPO PER TUTTI

Vanna Vivoli, aprile 2000

Da status symbol la guardia del corpo è diventata stato di necessità. In Italia la richiesta di questo tipo di servizio ha avuto un forte incremento all'inizio degli anni Novanta ed è poi ulteriormente cresciuta a causa della nuova criminalità legata all'immigrazione. A cercare l'«angelo custode» non sono più solo politici e grandi industriali, ma anche liberi professionisti e commercianti. Le regioni più interessate dal fenomeno sono Lombardia e Campania, ma anche Lazio e Toscana, mentre nel Nord-Est si preferisce chiudersi in ville blindate e portare la pistola sotto la giacca, secondo il modello americano del «fai da te».

I nuovi orientamenti degli italiani nel campo della difesa personale sono stati analizzati a Caorle, vicino a Venezia, durante il sesto congresso internazionale dell'Ibssa (International Body Guard and Security Association), l'associazione mondiale delle guardie del corpo, a cui hanno partecipato 130 delegati di 40 Paesi, compresi Stati Uniti e Giappone. «Ormai per certe categorie di persone - spiega Ilio Semino, uno dei dirigenti dell'associazione - avere una guardia del corpo è una necessità, come avere il commercialista. In generale forniamo scorte per eventi particolari, con costi che vanno da 100 a 150mila lire l'ora (50-75 euro). Ma alcuni preferiscono un servizio giornaliero o notturno permanente: in questo caso la paga di una guardia del corpo arriva a 4-5 milioni al mese (2000-2500 euro). Da qualche anno è molto richiesta anche la scorta per i figli, per accompagnarli a scuola, alle feste o in discoteca. E a volte i figli non sanno di essere controllati, com'è successo ad alcuni giovani salvati da una rissa in una sala ballo da sconosciuti "angeli custodi" ingaggiati dai loro genitori».

Negli ultimi anni è cambiata anche l'immagine della guardia del corpo: non c'è più il tipo abbronzato e tutto muscoli, con il collo taurino e l'immancabile doppiopetto scuro. Ora basta avere un fisico normale ma in forma e un aspetto elegante ma sportivo, perché, come assicura Semino, «oggi non contano più i muscoli ma la testa», cioè la lucidità, la capacità di prevedere il pericolo, di organizzare il piano in rapporto all'evento. E se in America piace ostentare la guardia del corpo, soprattutto da parte di attori e cantanti, in Italia, spiega ancora Semino, «si cerca invece di nasconderla anche per non diventare impopolari».

Nel nostro Paese, secondo l'Ibssa, ci sono circa 30mila operatori di sicurezza (età media trent'anni e per il 10% donne) che vengono assunti come autisti, segretari, accompagnatori o giardinieri, perché da noi la loro professione, a differenza di tanti altri Paesi europei, non è ancora riconosciuta.

rispondiamo sul testo

1. Perché la professione di guardia del corpo ha avuto un forte incremento negli anni '90?
2. Nel nostro Paese quante sono approssimativamente le persone che esercitano questa professione?
3. Come è cambiata negli ultimi anni l'immagine della guardia del corpo?
4. Dove si è svolto il sesto congresso internazionale dell'Ibgsa e che cos'è quest'associazione?

dizionario

assunto: preso alle proprie dipendenze
blindato: protetto, fortificato
collo taurino: collo grosso come quello di un toro
commercialista: professionista che si occupa dell'amministrazione di varie aziende
crescere: aumentare
doppiopetto: abito maschile con la giacca chiusa da due file di bottoni
legato: collegato, connesso
ormai: a questo punto
ostentare: mostrare intenzionalmente, esibire
paga: stipendio, salario
prevedere: vedere prima, in anticipo
riconosciuto: accettato legalmente
rissa: colluttazione tra due o più persone
soprattutto: specialmente, particolarmente

1. Le regioni in cui le guardie del corpo lavorano di più sono:
a. il Lazio e la Toscana
b. la Lombardia e la Campania
c. la Sicilia e la Sardegna

2. La paga oraria di una guardia del corpo è di:
a. 100-150 euro
b. 50-75 euro
c. 2.000-2.500 euro

3. Da qualche anno è molto richiesta la scorta:
a. per gli animali domestici
b. per gli angeli custodi
c. per i figli

4. In passato la guardia del corpo:
a. era muscolosissima
b. aveva un fisico normale
c. aveva un aspetto elegante

competenza linguistica

Completare le seguenti frasi con il passato prossimo dei verbi in parentesi:

1. Negli ultimi anni le guardie del corpo (diventare) .... molto più numerose.

2. La richiesta di guardie del corpo (crescere) .... moltissimo negli anni '90.

3. Il congresso dell'Ibssa (analizzare) .... i nuovi orientamenti nel campo della difesa personale.

4. Alcune guardie del corpo (salvare) .... i figli di un industriale da una rissa in una sala da ballo.

5. Un celebre cantante (assumere) .... una guardia del corpo come giardiniere.

vero o falso?

v. f.

□ □ 1. Molti industriali e commercianti del Nord-Est portano una pistola sotto la giacca.

□ □ 2. La moderna guardia del corpo deve avere la capacità di prevedere il pericolo.

□ □ 3. Spesso gli attori e i cantanti italiani ostentano le loro guardie del corpo.

□ □ 4. La professione di guardia del corpo è legalmente riconosciuta dallo Stato italiano.

riassumere il testo

Passeggiando per le vie eleganti delle più grandi città italiane - come via Condotti a Roma, via Tornabuoni a Firenze o via Montenapoleone a Milano - capita sempre più spesso di osservare folti gruppi di giapponesi, coreani, americani o russi che comprano grandi quantità di prodotti «firmati». Li vediamo passare freneticamente, carichi di borse, da un negozio di Versace ad uno di Armani, ad uno di Gucci. Questo è il «turismo della moda», il cui principale scopo è fare spese. Chi lo pratica rinuncia volentieri alla gita in carrozzella dopo aver visto il Colosseo, visita il Teatro alla Scala a tempo di record, e prova quasi sollievo se il museo degli Uffizi è chiuso: i turisti di questo tipo preferiscono soddisfare il proprio senso estetico di fronte a una borsa «bamboo» di Gucci o ad un paio di mocassini di Prada.

I giapponesi, armati di calcolatrice e carta di credito, invadono i negozi come nugoli di api e, scrupolosi e determinati, acquistano con l'immancabile sorriso tutti quei prodotti che non trovano in Giappone. «A volte - dice Maria Binfarè, direttrice del negozio milanese di Ferragamo, uno degli stilisti più amati dai giapponesi - aspettano pazientemente il loro turno, fuori della porta, anche per un'ora, nel freddo polare di gennaio o nel caldo torrido di luglio». Voli andata e ritorno a sole 700-800mila lire (350-400 euro) e il cambio favorevole dello yen fanno alzare la febbre dell'acquisto, che provoca perfino qualche crisi di pianto se il negozio di Louis Vuitton è chiuso per ristrutturazione.

I coreani, i tailandesi e i cinesi sono invece più chiusi e diffidenti. Passano anche dieci minuti a controllare la superficie di una borsa, alla ricerca di eventuali imperfezioni. Non vogliono assolutamente il prodotto della vetrina, ma solo quello intatto nella sua confezione. «In compenso toccano tutto senza farsi nessuno scrupolo» dice Antonio Gerla, direttore di un famoso negozio di calzature di Milano.

Gli americani, abituati ad avere tutto quello che desiderano, sono clienti difficilissimi. Spesso provano mille cose, poi ringraziano e se ne vanno senza comprare niente.

Completamente imprevedibili sono invece i nuovi ricchi russi. Sono circa un paio di milioni quelli che arrivano in Italia, ma il loro numero è destinato a crescere. Non amano le carte di credito, pagano con pacchi enormi di banconote, vogliono il meglio e spendono in media 500 dollari al giorno, circa cinque volte di più di un turista americano o europeo. «Spesso - dicono da Versace - non hanno buon gusto e sono capaci di presentarsi più volte, nello stesso pomeriggio, per provare lo stesso articolo. Le donne sono particolarmente disinibite. Tanino Crisci, del noto negozio di calzature, racconta divertito: «Una volta una moscovita per provarsi un paio di sandali si è tolta i pantaloni: voleva vedere come sarebbero stati con la minigonna. Ha cominciato a camminare avanti e indietro per il negozio in camicetta e collant sotto gli occhi imbarazzati degli altri clienti».

Il buon gusto, si sa, non si può comprare, ma il personale dei negozi fa ogni sforzo per insegnarne almeno un po' a quei clienti attratti solo da ciò che più luccica. Evviva allora la moda italiana, maestra di buon gusto e, al tempo stesso, fonte inesauribile di valuta pregiata per l'economia del Paese!

rispondiamo sul testo

1. Quali sono le vie più eleganti di Roma, Firenze e Milano?
2. Che genere di prodotti comprano i giapponesi in Italia?
3. Che tipo di clienti sono gli americani?
4. Che cosa non amano i nuovi ricchi russi?
5. Che cosa ha fatto una turista russa in un noto negozio di calzature?

dizionario

acquistare: comprare
ape: l'insetto che produce il miele
calzature: scarpe
capitare: succedere, accadere
carico: pieno
evviva: bene per, urrà per
firmato: creato da un famoso stilista
folto: numeroso, abbondante
freneticamente: molto rapidamente
gita: passeggiata
luccicare: brillare, risplendere
nugolo: sciame, moltitudine
scopo: obiettivo
sforzo: sacrificio
sollievo: gioia, piacere
valuta: denaro, moneta
vetrina: la finestra di un negozio

1. Uno degli stilisti più amati dai giapponesi è:
a. Tanino Crisci
b. Antonio Gerla
c. Salvatore Ferragamo

2. Luglio è un mese:
a. torrido
b. freddissimo
c. febbrile

3. I coreani e i cinesi sono clienti:
a. scrupolosi
b. imprevedibili
c. diffidenti

4. Le donne russe sono particolarmente:
a. imbarazzate
b. disinibite
c. attratte

competenza linguistica

Completare il seguente paragrafo dell'articolo con le parole mancanti:

Passeggiando per le vie eleganti delle ………. grandi città italiane, capita sempre più ………….. di osservare folti gruppi di giapponesi, coreani, americani o russi ………. comprano grandi quantità di prodotti «firmati». ………. vediamo passare freneticamente, carichi di borse, ………. un negozio di Versace ad uno di Armani, ad uno di Gucci. Questo è il «turismo della moda», il ………. principale scopo è fare spese. Chi ………. pratica rinuncia volentieri alla gita in carrozzella …………. aver visto il Colosseo, visita il Teatro alla Scala a tempo di record, e prova ………… sollievo se il museo degli Uffizi è chiuso.

spunti per la conversazione

1. Vi piace fare spese?
2. Quali sono gli oggetti che preferite comprare?
3. Quando viaggiate all'estero fate molti acquisti?
4. Preferite comprare nei negozi, per corrispondenza o attraverso Internet?
5. A che cosa fate più attenzione quando comprate qualcosa?

riassumere il testo

curiosità

Parte III

LA BUFFA ITALIA DELLE STATISTICHE

Alessandro Coppini, gennaio 1996

Non tutte le statistiche sono un arido e noioso elenco di numeri, qualche volta riescono anche ad offrire dati curiosi. Ne è un buon esempio quella elaborata dall'Ufficio pianificazione del Comune di Bologna, che mette a confronto la qualità della vita nelle 18 più grandi città italiane, da Roma a Brescia.

Leggendola si scopre che a Catania c'è il maggior numero di apparecchi telefonici: 1.167 ogni mille abitanti (quindi più di uno a persona) contro gli appena 923 di Milano, capitale economica del Paese. Trieste, invece, è terra di ristoranti: ce n'è uno ogni 371 abitanti, mentre a Napoli e Palermo la scelta risulta estremamente limitata (un vero disastro, solo uno ogni 2.246!). La città che ama di più il cinema è Bologna: ogni bolognese spende in media 34mila lire (17 euro) l'anno per assistere a spettacoli cinematografici, 3 in più di un fiorentino (Firenze è al secondo posto). E sempre Bologna detiene il primato per gli spettacoli sportivi, con una spesa a testa di 40mila lire (20 euro) l'anno. E' però Genova ad avere la popolazione più attenta alla forma fisica, almeno a giudicare dal numero di palestre: 15 ogni 100mila persone. Bologna torna comunque a primeggiare per numero di bar (uno ogni 230 abitanti) e di parrucchieri per uomo (uno ogni 282)!

Nel lavoro e negli affari, dove Roma è ultima, nessun'altra città supera Padova, che può vantare anche il maggior numero di laureati rispetto alla popolazione (l'8,7%).

La Sardegna e la Sicilia si rivelano invece le regioni più vicine alla parità uomo-donna in campo lavorativo: Cagliari è infatti la città con più donne dirigenti (una ogni quattro uomini), seguita da Messina e Palermo (Milano è penultima, davanti a Taranto e dietro Venezia!).

In un'Italia che invecchia Trieste risulta la capitale dei nonni: ogni mille abitanti 113 hanno superato i 65 anni di età. Il calo demografico è però evidente quasi dovunque. In 12 città su 18 le morti superano le nascite già da alcuni anni, e solo le città del Sud (Messina, Bari, Catania, Napoli, Palermo e Taranto) sono in controtendenza.

Per quanto riguarda gli aspetti negativi della vita sociale, Bologna si trova ad occupare il primo posto per numero di truffe, settore in cui i più onesti sono i tarantini. Per gli omicidi il primato va a Catania (17,6 ogni 100mila abitanti), con Brescia all'ultimo posto (0,1), per i furti d'auto a Napoli, per quelli di appartamento a Torino e per scippi e rapine in banca a Roma. La città con il più alto inquinamento acustico è Genova, mentre Palermo produce più rifiuti per abitante (585 chili l'anno).

dizionario

a testa: per ogni persona, pro-capite
assistere: partecipare, guardare
calo demografico: diminuzione della popolazione
detenere un primato: avere, possedere un record
furto: l'atto di rubare
inquinamento: contaminazione, alterazione
palestra: sala da ginnastica
parrucchiere: persona che taglia e pettina i capelli
primeggiare: essere primo, conquistare il primo posto
statistica: raccolta di dati, indagine
trovarsi: essere
truffa: imbroglio, estorsione
scippo: furto fatto per strada prendendo qualcosa a qualcuno con la violenza
rapina: furto violento (fatto con minacce o con armi)
rifiuti: spazzatura, immondizie
vantare: andare orgoglioso, fare mostra

rispondiamo sul testo

1. Qual è la città italiana con il maggior numero di ristoranti?
2. A Genova quante palestre ci sono ogni 100mila persone?
3. Quali sono le regioni più vicine alla parità uomo-donna in campo lavorativo?
4. Catania ha un triste primato. Quale?

1. La città con il maggior numero di apparecchi telefonici è:
a. Genova
b. Cagliari
c. Catania

2. Bologna è la città che ama di più:
a. il teatro
b. la televisione
c. gli spettacoli sportivi

3. Rispetto alla popolazione, a Padova c'è il maggior numero di:
a. parrucchieri per uomo
b. donne dirigenti
c. laureati

4. Napoli ha il primato per:
a. i furti d'auto
b. gli omicidi
c. le rapine in banca

competenza linguistica

Completare le seguenti frasi con l'articolo determinativo o indeterminativo:

1. Non tutte .... statistiche sono .... arido e noioso elenco di numeri.

2. In .... Italia che invecchia Trieste risulta .... capitale dei nonni.

3. In 12 città su 18 .... morti superano .... nascite ormai da alcuni anni.

4. Per quanto riguarda .... aspetti negativi della vita sociale, Bologna si trova ad occupare .... primo posto per numero di truffe.

vero o falso?

v. f.
☐ ☐ 1. I fiorentini spendono per il cinema più dei bolognesi.
☐ ☐ 2. Milano è la capitale economica del Paese.
☐ ☐ 3. Palermo è la città con il più alto inquinamento acustico.
☐ ☐ 4. A Trieste 113 abitanti su mille hanno superato i 75 anni di età.

riassumere il testo

A SCUOLA DI SPOGLIARELLO ARTISTICO

Margherita Sanò, aprile 1997

Nausicaa, un'agenzia di servizi per lo spettacolo con sede a Roma, ha creato la prima scuola italiana di spogliarello artistico per professionisti e dilettanti.

L'idea, abbastanza originale, è quella di insegnare l'arte di togliersi i vestiti, che è l'essenza dello spogliarello. «Per riuscirci, oltre a un'indispensabile carica erotica, è fondamentale mescolare ironia, trasgressione e, naturalmente, classe. Solo così è possibile non cadere nella volgarità, creando uno spettacolo sensuale e coinvolgente» dicono gli organizzatori della scuola.

Gli insegnanti sono due professionisti di provata esperienza: per le donne Shadow, spogliarellista di fama europea, e per gli uomini Cren Franky, presidente della Federazione Italiana Strip-tease. Gli allievi «studieranno» per quattro mesi, imparando anche qualche nozione di scenografia e di danza. Inoltre riceveranno utili consigli legali, che li aiuteranno ad evitare futuri tranelli contrattuali. Se poi qualcuno dovesse provare momenti d'ansia o di improvvisa timidezza, ecco pronto lo psicologo, Horst Wirbelauer, che insegnerà a controllare gli eccessi di un pubblico troppo impetuoso. Il dottor Wirbelauer avrà anche il compito di comunicare, con la necessaria gentilezza, eventuali bocciature agli aspiranti professionisti che non supereranno l'esame finale. Niente paura, però: se lo spogliarello è per loro una vera vocazione potranno sempre entrare nella categoria dei dilettanti. Sarà emozionante lo stesso!

67

rispondiamo sul testo

1. Che cosa è Nausicaa?
2. Chi è Shadow?
3. Chi è Cren Frenky?
3. Qual è la professione di Horst Wirbelauer?

dizionario

ansia: paura
aspirante: che desidera diventare
bocciatura: risultato negativo di un esame
carica: forza, energia
compito: incarico, funzione
dilettante: amatore, non professionista
mescolare: mettere insieme, unire
spogliarello: strip-tease
timidezza: insicurezza
tranello: trappola, insidia

1. Nausicaa è aperta a:
a. professionisti
b. professionisti e dilettanti
c. dilettanti

2. Gli insegnanti sono:
a. tre
b. sette
c. due

3. I corsi durano:
a. quattro mesi
b. un anno
c. sei mesi

4. Gli allievi seguono anche un corso di:
a. pittura
b. sceneggiatura
c. scenografia

competenza linguistica

Trasformare le seguenti espressioni dal singolare al plurale:

1. La scuola italiana

....

2. Lo spogliarello artistico

....

3. Il presidente federale

....

4. L'idea originale

....

5. Lo spettacolo sensuale

....

6. L'esame finale

....

vero o falso?

v. f.
☐ ☐ 1. Gli istruttori di Nausicaa insegnano l'arte di mettersi i vestiti.
☐ ☐ 2. A Nausicaa sono ammessi solo allievi maschi.
☐ ☐ 3. Gli allievi imparano anche a ballare.
☐ ☐ 4. Alla fine di ogni corso c'è un esame.

riassumere il testo

VOGLIA DI UCCIDERE

M. Eleonora Sanò, novembre 1997

L'Italia è un Paese di assassini? Sembrerebbe proprio di sì. Almeno secondo un'indagine fatta dalla Marketing Communication di Milano su un campione di 1412 persone fra i 25 e i 65 anni, secondo cui il 54% dei nostri connazionali ha pensato almeno una volta di uccidere. E non più per i classici motivi d'onore. La società cambia e quindi diventa una buona ragione per uccidere anche lo stress da traffico o il trillo fuori luogo dell'amato-odiato telefono cellulare. L'indagine rivela inoltre che l'inconscio degli italiani è influenzato dalla tv, tant'è vero che secondo alcuni intervistati sia il perfetto assassino che la vittima designata sono personaggi famosi del piccolo schermo. Ecco domande e risposte dell'inchiesta.

1) Chi le piacerebbe uccidere? Il capufficio (18%), i vicini di casa (16%), un automobilista scorretto (14%), lo spettatore al cinema a cui suona il telefonino (4%), la star televisiva Raffaella Carrà (2%).

2) Qual è una buona ragione per uccidere? Rumori notturni (19%), tradimenti amorosi (18%), il furto dell'auto (14%).

3) Chi sarebbe un perfetto assassino? I giornalisti della Tv Bruno Vespa (26%) e Aldo Biscardi (18%).

4) Quale sarebbe l'arma perfetta per un omicidio? Il veleno (22%), una cravatta o un foulard (17%), un coltello da cucina (l3%).

5) Qual è il luogo perfetto per uccidere? Una strada di campagna (26%), il bagno (17%), l'ascensore (14%).

rispondiamo sul testo

1. Qual è la percentuale di italiani che ha pensato almeno una volta di uccidere?
2. Che cosa li influenza nella scelta di assassino e vittima?
3. Chi sono Bruno Vespa e Aldo Biscardi?
4. Qual è la stanza della casa preferita per un delitto dai potenziali assassini?

dizionario

campione: gruppo ridotto ma significativo di una totalità
connazionale: della stessa nazione
designato: scelto, indicato
furto: l'azione di rubare
indagine: studio, ricerca
piccolo schermo: televisione (in opposizione al «grande schermo», che è il cinema)
proprio: veramente
scorretto: maleducato, che non rispetta le regole
tradimento: infedeltà, adulterio
trillo: suono vibrante
uccidere: ammazzare, dare la morte
veleno: sostanza tossica

1. La Marketing Communication di Milano ha intervistato persone fra:
a. i 15 e i 55 anni
b. i 30 e i 75 anni
c. i 25 e i 65 anni

2. Molti italiani desidererebbero uccidere un automobilista:
a. famoso
b. scorretto
c. perfetto

3. Una buona ragione per uccidere sono i tradimenti:
a. inconsci
b. amorosi
c. odiosi

4. Una buona arma per un omicidio è un coltello da:
a. macellaio
b. pesce
c. cucina

competenza linguistica

Completare le seguenti frasi con il passato prossimo dei verbi in parentesi:

1. La Marketing Communication di Milano (fare) .... un'indagine sul desiderio di uccidere degli italiani.

2. La società (cambiare) .... e oggi (diventare) .... una buona ragione per uccidere anche lo stress da traffico.

3. Suo marito l'(tradire) .... con la sua migliore amica e lei l'(uccidere) ....

4. L'uomo (togliersi) .... la cravatta e l'(stringere) .... intorno al collo della donna.

vero o falso?

v.   f.

□ □ 1. In passato gli italiani erano pronti ad uccidere soprattutto per motivi d'onore.

□ □ 2. Molti dei nostri connazionali vorrebbero uccidere famosi personaggi del grande schermo.

□ □ 3. Raffaella Carrà è una nota giornalista televisiva.

□ □ 4. Secondo molti italiani una strada di campagna è il luogo perfetto per un omicidio.

riassumere il testo

IN BICI SOTT'ACQUA

Vanna Vivoli, dicembre 2001

Si chiama «underwater bike» (bicicletta sott'acqua) ed è un nuovo sport estremo, un misto di due discipline: immersione subacquea e ciclismo. L'ha inventato Vittorio Innocente, un milanese di 55 anni che vive in provincia di La Spezia. Dopo aver scalato in bicicletta le grandi montagne africane, fino a quota quattromila metri, adesso con una mountain bike è sceso in mare a meno cinquanta metri.

Dice Innocente: «Mi alleno tutto l'anno. Ho fatto un chilometro di strada nel Naviglio di Milano e a Chiavari, in una piscina olimpionica, ho percorso 1.200 metri ad una velocità di 87 centimetri al secondo, stabilendo un primato che è entrato nel libro dei Guinness del 2002».

Ma come fa a trovare il tempo per tutto questo? «Riesco sempre a trovare qualche ora al giorno per questo mio passatempo, che a volte si trasforma in un lavoro. Recentemente un'agenzia pubblicitaria svizzera ha voluto le mie immagini in bici sott'acqua per usarle in uno spot di una compagnia di assicurazioni che ha per slogan "Se vi assicurate con noi avrete più tempo libero e potrete dedicarvi ai vostri passatempi"».

Vittorio Innocente è sposato e sua moglie lo aiuta molto durante gli allenamenti. «Va pazza per le due ruote in fondo al mare. E anche se non ha mai partecipato a un'immersione, ha fatto con me in bicicletta il giro d'Europa e d'Italia, isole comprese» racconta l'originale ciclista.

71

rispondiamo sul testo

1. Che tipo di sport pratica Vittorio Innocente?
2. Che cosa ha fatto con la sua mountain bike?
3. Con quale impresa è entrato nel libro del Guinness dei Primati?
4. Chi ha usato le sue immagini in bici sott'acqua?

dizionario

allenarsi: prepararsi, addestrarsi
andare pazzo: essere particolarmente attratto
disciplina: settore, ramo
in fondo: nel punto finale, più profondo
passatempo: hobby
percorrere: fare un certo tragitto, una certa strada
scalare: salire, ascendere
stabilire un primato: fare un record

1. Vittorio Innocente è nato a:
a. Chiavari
b. Milano
c. La Spezia

2. Per lui andare in bici sott'acqua è:
a. una pazzia
b. un passatempo
c. un primato

3. Durante gli allenamenti sua moglie lo:
a. rimprovera
b. racconta
c. aiuta

4. Vittorio Innocente è sceso in mare a:
a. quota quattromila metri
b. 87 centimetri
c. meno 50 metri

competenza linguistica

Trasformare le seguenti frasi dal singolare al plurale:

1. Questo è un nuovo sport estremo.
....

2. Un uomo scala una grande montagna africana.
....

3. A Chiavari c'è una grande piscina olimpionica.
....

4. L'agenzia pubblicitaria produce uno spot.
....

vero o falso?

v. f.
☐ ☐ 1. Vittorio Innocente non si è mai sposato.
☐ ☐ 2. Vittorio Innocente ha percorso 1.200 metri nel Naviglio di Milano.
☐ ☐ 3. Vittorio Innocente ha attraversato tutta l'Italia in motocicletta.
☐ ☐ 4. Vittorio Innocente ha 55 anni.

riassumere il testo

GLI ITALIANI CLANDESTINI A NEW YORK

Alessandro Coppini, febbraio 1995

Secondo un recente studio dell'Ins, l'agenzia americana per l'immigrazione, gli italiani sono il gruppo etnico più numeroso tra i 529mila immigrati clandestini che oggi vivono a New York. I nostri connazionali che hanno deciso di crearsi una nuova vita nella «grande mela» o di provare per un limitato periodo di tempo l'emozione di abitare tra le mille luci di Manhattan sono circa 31mila: quattromila in più rispetto ai polacchi e agli ecuadoriani, settemila rispetto ai dominicani e agli abitanti dell'isola di Trinidad.

La maggior parte di questi nuovi emigranti sono giovani che hanno trovato con facilità un lavoro «illegale» (come camerieri o baby-sitter, come insegnanti di lingua o pizzaioli) dopo essere arrivati a New York in maniera assolutamente legale. Infatti, a differenza dei messicani e degli abitanti dei Paesi meno sviluppati, quasi tutti gli europei possono entrare negli Stati Uniti senza visto e ottenere un permesso di soggiorno per un mese consegnando semplicemente alla polizia di frontiera un modulo compilato in aereo.

Alla fine del mese di soggiorno «legale» non è poi molto difficile prolungare la permanenza. Il rischio di essere scoperti è minimo: negli Stati Uniti non è obbligatorio avere un documento di riconoscimento (carta di identità, passaporto o patente di guida), non sono necessari certificati per affittare un appartamento, trovare un lavoro, iscriversi ad una scuola, e - soprattutto - è vietato alla polizia effettuare controlli di identità se la persona non ha commesso un reato. Gli italiani che vogliono provare a vivere a New York hanno quindi buone possibilità di riuscirci.

rispondiamo sul testo

1. Quali sono i lavori che i giovani italiani emigrati a New York trovano con più facilità?
2. Perché per gli europei è abbastanza facile entrare negli Stati Uniti?
3. Perché negli Stati Uniti per i clandestini il rischio di essere scoperti è minimo?
4. Qual è l'unica circostanza in cui la polizia americana può effettuare un controllo di identità?

dizionario

cameriere: persona che serve al tavolo in un locale pubblico
commettere: fare, compiere
connazionale: della stessa nazione
modulo: schema stampato, formulario
reato: violazione di una legge, trasgressione
riconoscimento: identificazione
soggiorno: sosta in un luogo

1. Gli immigrati clandestini che nel 1995 vivevano a New York erano:
a. meno di 600mila
b. meno di 500mila
c. più di un milione

2. Dopo gli italiani il maggior numero di clandestini a New York sono:
a. dominicani
b. portoricani
c. ecuadoriani

3. Negli Stati Uniti il permesso di soggiorno per turismo è valido:
a. due mesi
b. un mese
c. tre mesi

4. Negli Stati Uniti avere la carta d'identità è:
a. obbligatorio
b. facoltativo
c. vietato

74

competenza linguistica

Completare le seguenti frasi con le preposizioni mancanti:

1. I nostri connazionali che hanno deciso .... crearsi una nuova vita .... «grande mela» o .... provare .... un limitato periodo .... tempo l'emozione .... abitare .... le mille luci .... Manhattan sono circa 31mila.

2. La maggior parte .... questi nuovi emigranti sono giovani che hanno trovato .... facilità un lavoro «illegale» dopo essere arrivati .... New York .... maniera assolutamente legale.

vero o falso?

v. f.

☐ ☐   1. I clandestini polacchi a New York sono più degli ecuadoriani.

☐ ☐   2. Per i messicani è più facile entrare negli Stati Uniti che per gli europei.

☐ ☐   3. Negli Stati Uniti sono necessari molti certificati per trovare un lavoro.

☐ ☐   4. Quasi tutti i clandestini italiani a New York fanno i ballerini.

riassumere il testo

IL SOGNO DI UN MATRIMONIO A VENEZIA

Alessandro Coppini, gennaio 1999

Sono sempre di più gli stranieri che scelgono Venezia per sposarsi. Nel 1998 il sindaco della città ha unito in matrimonio circa 300 coppie non italiane e per il 1999 è previsto un ulteriore aumento. Il fenomeno è cominciato nei primi anni '80. All'inizio i matrimoni tra stranieri erano circa una decina l'anno, ma già verso la fine del decennio avevano superato quota 120. Si pensava di aver raggiunto l'apice nel 1994 con 267, perché negli anni successivi il numero era gradatamente diminuito, ma era solo un'illusione. Infatti l'anno scorso - forse a causa dell'effetto provocato dalle nozze di qualche Vip, come Woody Allen - quel primato è stato letteralmente demolito. Solo nel primo semestre, secondo dati ufficiali, sono stati ben 271 gli stranieri a contrarre matrimoni civili a Venezia, e per loro è stato necessario riservare una sala apposita a Palazzo Cavalli, sul Canal Grande.

A causa di questa situazione il lavoro all'ufficio di Stato Civile del Comune è aumentato moltissimo, tanto che gli impiegati devono spesso fare gli straordinari per verificare l'autenticità di documenti provenienti da ogni parte del mondo e per espletare pratiche burocratiche complesse e diverse a seconda del Paese di provenienza della futura coppia. Infatti neanche l'unione europea ha portato ad un'armonizzazione delle leggi che regolano il matrimonio, e solo con alcuni Paesi (fra cui Austria, Spagna, Svizzera e Germania) l'Italia ha accordi bilaterali che determinano l'immediata validità dell'unione.

Ovviamente, aumentando il lavoro, per il Comune di Venezia sono aumentate anche le spese. Così, dal primo gennaio di quest'anno, chi vorrà realizzare il sogno di unirsi in matrimonio nella città più romantica del mondo dovrà spendere un po' più che in passato, pagando anche per la cerimonia oltre che per viaggio, albergo e ristorante. Il servizio offerto dal Comune continuerà ad essere gratuito solo per i residenti e per chi è veneziano di origine ma vive in un'altra città o Paese, mentre i cittadini della Comunità europea pagheranno 500mila lire (250 euro) e quelli extracomunitari un milione (500 euro).

Le nuove «tariffe» matrimoniali non sembrano comunque aver scoraggiato i «clienti» delle nozze in laguna: c'è già chi ha prenotato la sala di Palazzo Cavalli per la fine del 2000!

rispondiamo sul testo

1. Dove si celebrano a Venezia i matrimoni di coppie straniere?
2. Perché il lavoro all'ufficio di Stato Civile del Comune di Venezia è aumentato moltissimo negli ultimi anni?
3. Con quali Paesi europei l'Italia ha accordi che determinano l'immediata validità del matrimonio?
4. Per chi continua ad essere gratuita la cerimonia civile di matrimonio?

dizionario

accordo: trattato, convenzione
apice: sommità, punto più alto
contrarre: stringere, stipulare
espletare: eseguire, completare
extracomunitario: che non fa parte della Comunità Europea
gratuito: gratis, non pagato
letteralmente: veramente, proprio
nozze: matrimonio
prenotare: fissare, riservare
proveniente: che arriva, che viene
sindaco: capo dell'amministrazione di un comune
straordinario: lavoro extra, lavoro fuori orario
tariffa: costo, prezzo

1. I matrimoni tra stranieri celebrati a Venezia nel 1994 sono stati:
a. 120
b. 267
c. 271

2. Palazzo Cavalli si trova:
a. in Piazza san Marco
b. al Lido di Venezla
c. sul Canal Grande

3. Venezia è considerata la città più:
a. romanica del mondo
b. rovinata del mondo
c. romantica del mondo

4. La cerimonia di nozze a Venezia costa di più:
a. agli italiani
b. ai cittadini della Comunità Europea
c. agli extracomunitari

competenza linguistica

Completare le seguenti frasi con il futuro dei verbi in parentesi:

1. Il prossimo anno molti stranieri (sposarsi) .... a Venezia.

2. Il Comune di Venezia (dovere) .... verificare l'autenticità dei documenti degli sposi.

3. Chi (volere) .... realizzare il sogno di unirsi in matrimonio a Venezia (spendere) .... un po' più che in passato.

4. I cittadini extracomunitari non (potere) .... più sposarsi a Venezia.

spunti per la conversazione

1. Vi piacerebbe sposarvi in un Paese straniero? Se sì, quale?
2. Secondo voi è giusto spendere tanti soldi per la cerimonia di nozze?
3. Se non siete ancora sposati come sognate il vostro matrimonio? Se siete già sposati come è stato il vostro matrimonio?
4. Secondo voi qual è il fascino particolare di una città come Venezia?

riassumere il testo

LA BIRRA «FAI DA TE»

Alessandro Coppini, settembre 1998

Anche in Italia, dove da qualche anno si registra un vero boom della birra (nel 1997 il consumo è aumentato di quasi il 10% rispetto all'anno precedente), si va diffondendo la moda dei brew pub, i locali che servono esclusivamente birra di produzione propria e che hanno per slogan «facciamo la birra davanti ai tuoi occhi». E in effetti la prima cosa che si nota entrando in un brew pub è l'impianto per la produzione che, come un pezzo d'arte moderna, sta al centro del banco e mostra ai clienti cisterne, cella frigorifera e «pitoni», gli scintillanti tubi in rame in cui scorre la bionda, rossa o scura bevanda.

Questa moda, come spesso succede, arriva dall'America, dove i brew pub sono già da tempo molto popolari (negli Stati Uniti sono in vendita anche mappe turistiche che li indicano, Stato per Stato). Da noi, per ora, gli indirizzi della birra «fatta in casa» sono solo una ventina. A Roma ha aperto qualche mese fa il Brew People, che offre ai clienti un arredamento con decorazioni art nouveau, un grande trompe l'oeil con veduta sulla città, una squadra di graziose cameriere e - ovviamente - una piccola «fabbrica» di birra con un giovane mastro birraio sempre al lavoro. I proprietari del Brew People hanno comunque intenzione di aprire presto succursali alle Capannelle, vicino a Roma, e perfino a Losanna e Hong Kong.

E' possibile gustare birra autoprodotta anche a Sorrento (dove lavora un pioniere del settore, Peppino Esposito), a Merano (alla birreria Greiter, aperta in una baita alpina) e a Riccione (dove c'è una vera catena di brew pub, la Aops beer & restaurant).

Ma com'è la birra artigianale? Secondo Silvano Rusmini - direttore della rivista specializzata «Il mondo della birra» - «dipende dal birraio e dalla qualità dell'impianto. Un buon impianto ha un costo abbastanza alto, tra i 250 e i 400 milioni di lire (125/200mila euro), e deve essere usato da un professionista. La birra fresca è buona, ma non si conserva più di due mesi. Quindi il locale deve avere un buon flusso di clienti per arrivare a guadagnare». Ma che cosa è possibile fare per attirare i clienti? Paolo Bernabei, che aprirà presto un brew pub nel quartiere romano di Testaccio, ha avuta un'idea: una squadra di cameriere scandinave, tutte bionde e con le gambe lunghe!

rispondiamo sul testo

1. Che cos'è un brew pub?
2. Qual è lo slogan di questo tipo di locali?
3. Che cosa hanno intenzione di fare i proprietari del Brew People di Roma?
4. Secondo Silvano Rusmini com'è la birra artigianale?
5. Che idea ha avuto Paolo Bernabei per attirare clienti nel suo brew pub?

dizionario

arredamento: mobili
attirare: attrarre, richiamare
baita: casa di montagna
catena: gruppo di negozi che hanno lo stesso nome e lo stesso proprietario
cisterna: grande contenitore per liquidi
impianto: macchina, attrezzatura
locale: luogo pubblico di incontro (come caffè, ristoranti, bar ecc.)
mastro: maestro artigiano
precedente: anteriore, prima
scintillante: brillante, lucente
scorrere: fluire, uscire fuori
squadra: gruppo
ventina: circa venti

1. I «pitoni» sono:
a. mappe turistiche
b. tubi di rame
c. baite alpine

2. La moda dei brew pub arriva:
a. dal Giappone
b. da Hong Kong
c. dall'America

3. Peppino Esposito ha un brew pub a:
a. Merano
b. Riccione
c. Sorrento

4. «Il mondo della birra» è:
a. una rivista specializzata
b. un brew pub alle Capannelle
c. una catena di brew pub

competenza linguistica

**Completare le seguenti frasi con
il pronome relativo:**

1. A Roma ci sono vari locali .... si beve birra artigianale.

2. Il brew pub .... ha aperto recentemente Peppino Esposito è molto bello.

3. La ragazza .... sono andato al Brew People è scandinava.

4. La birreria .... ti ho parlato si trova a Merano.

5. La birra .... abbiamo assaggiato ieri non era buona.

6. La ragione .... lei non frequenta i brew pub è che non ama la birra.

vero o falso?

v.   f.

☐ ☐   1. Negli Stati Uniti è possibile comprare mappe turistiche che indicano tutti i brew pub del Paese.

☐ ☐   2. In Italia ci sono circa 20 locali di birra «fatta in casa».

☐ ☐   3. Il Brew People di Roma è arredato in maniera rinascimentale.

☐ ☐   4. Un buon impianto per produrre birra ha un costo abbastanza moderato.

riassumere il testo

L'ARTE DELL'ESPRESSO ALL'ITALIANA

Vanna Vivoli, edizione estiva 2000

Fare un caffè espresso sembra facile, invece è anche più difficile che preparare un buon risotto, piatto che pochi sanno fare veramente bene. Ad affermarlo è l'Istituto Nazionale Espresso Italiano (Inei), che ha ricevuto dallo Stato l'autorizzazione ad attribuire un certificato di garanzia all'aromatica tazzina di caffè. Per ottenerlo bisogna, prima di tutto, che la miscela sia macinata la mattina e consumata in giornata. Guai a lasciare il caffè macinato per il giorno dopo! Inoltre la miscela deve essere di una determinata qualità e così anche la macchina. Per non parlare dell'operatore che, per ricevere l'abilitazione, deve frequentare un corso di due giorni presso l'Istituto Internazionale Assaggiatori di Caffè. Solo se saranno rispettate queste tre condizioni l'esercizio pubblico (bar, ristorante o altro) riceverà dall'Inei il permesso di esporre il simbolo del vero espresso: una tazzina decorata con il tricolore.

Le regole d'oro dell'espresso all'italiana sembrano una formula magica. Per la preparazione di 25 millilitri di caffè cremoso, da servire a 67 gradi in una tazzina di porcellana bianca senza decorazioni interne, sono necessari: 7 grammi di miscela macinata (da circa 50 chicchi abilmente tostati e mescolati secondo i gusti), acqua a 88 gradi (pressione di 9 bar), un filtro con forellini di 0,25 millimetri di diametro e 25 secondi di tempo. Il consumo di questa squisita bevanda, che se è fatta bene può essere bevuta anche senza zucchero, è enorme: solo in Italia si preparano 13 miliardi di tazzine l'anno, 35 milioni al giorno in circa 150mila esercizi pubblici, escludendo i caffè dei distributori automatici e delle varie «moka» casalinghe (che insieme rappresentano il 75% del mercato del consumo di caffè).

Facendo la distinzione tra tazzina di caffè ed espresso vero e proprio, risulta che quest'ultimo muove un giro d'affari da 20mila miliardi di lire l'anno (10 milioni di euro). I grandi torrefattori rappresentano soltanto il 12% del mercato, il resto è diviso tra quasi 700 aziende, di cui solo 60 di dimensioni medie.

L'Inei, nato nel 1998, associa per ora 20 aziende. «La nuova iniziativa - spiega il presidente Gerlando Maggiordomo - fa parte di una battaglia per la qualità che si combatte anche con certificati di garanzia come la "tazzina tricolore", per cui abbiamo già ricevuto richieste anche dall'estero».

rispondiamo sul testo

1. L'Istituto Nazionale Espresso Italiano ha ricevuto una particolare autorizzazione dallo Stato. Quale?
2. Come deve essere la tazzina per un espresso «ideale»?
3. Quanti espressi si preparano ogni giorno nei locali pubblici italiani?
4. Qual è il giro d'affari dell'espresso vero e proprio?
5. Che cos'è la «tazzina tricolore»?

dizionario

abilitazione: idoneità, autorizzazione
assaggiatore: chi prova un cibo o una bevanda per giudicarne le caratteristiche
associare: unire, collegare
attribuire: dare, concedere
azienda: compagnia, ditta
certificato di garanzia: documento di affidabilità
chicco: seme, granello
forellino: piccolo foro, piccola apertura
frequentare: seguire, partecipare a
guai!: esclamazione di minaccia o di avvertimento
gusto: preferenza, inclinazione
macinare: tritare, trasformare in polvere
miscela: mescolanza di tipi di caffè di diverse qualità
risotto: riso cotto nel brodo fino al completo assorbimento del liquido e condito con ingredienti vari
tricolore: la bandiera italiana
torrefattore: chi tosta il caffè

1. Per fare un buon espresso il caffè deve essere macinato:
a. il giorno prima
b. lo stesso giorno
c. due giorni prima

2. La preparazione di un espresso deve durare:
a. 88 secondi
b. 67 secondi
c. 25 secondi

3. I grandi torrefattori rappresentano una fetta del mercato pari:
a. al 25%
b. al 12%
c. al 75%

4. L'Istituto Nazionale Espresso Italiano è nato:
a. nel 1998
b. nel 1988
c. nel 1978

competenza linguistica

Completare le seguenti frasi con le parole mancanti:

1. Fare un caffè espresso sembra ...., invece è anche più difficile .... preparare un buon risotto, piatto .... pochi sanno fare veramente ....

2. Le regole d'.............. dell'espresso all'....................... sembrano una .... magica.

3. Il consumo di .... squisita bevanda, che .... è fatta bene può essere bevuta anche .... zucchero, è enorme.

vero o falso?

v. f.

☐ ☐ 1. Il corso dell'Istituto Internazionale Assaggiatori di Caffè dura due giorni.

☐ ☐ 2. Per ogni tazzina di caffè espresso occorrono otto grammi di miscela macinata.

☐ ☐ 3. L'acqua deve avere una pressione di 9 bar.

☐ ☐ 4. In Italia le aziende di dimensioni medie che producono caffè sono circa settecento.

riassumere il testo

LA FELICITA' IN UN VASETTO DI NUTELLA

Donella Presenti, settembre 1995

Non è vero che solo gli americani mangiano «cibo spazzatura», poco genuino e molto dannoso per la salute. Non è vero che solo loro si riempiono di Coca Cola e pop-corn mentre guardano la televisione o si alzano nel cuore della notte a divorare biscotti per placare l'ansia. Anche gli italiani, padri della dieta mediterranea - fatta di verdure, frutta, spaghetti e olio d'oliva - hanno il loro punto debole. Questo almeno è ciò che afferma sulle pagine del «New Yorker» la giornalista Andrea Lee, che incoraggia così gli americani a liberarsi dal complesso d'inferiorità che hanno sempre avuto nei confronti della cucina italiana. Qual è il «punto debole» a cui la Lee si riferisce? E' un vasetto di vetro trasparente pieno di crema di nocciole e cacao, prodotto dalla Ferrero da più di trent'anni e dal nome dolce come una carezza: Nutella.

Bisogna confessare che Andrea Lee ha ragione. La Nutella, ottima sopra una fetta di pane e assolutamente straordinaria se mangiata con il cucchiaio direttamente dal vasetto, è uno di quei piaceri a cui molti italiani non sanno resistere. La Lee la definisce «un prodotto dolce ma non troppo, più untuoso del burro di noccioline ma con la stessa rarissima qualità sexy: quella di far attaccare le mascelle». Sarà forse per questo che molti italiani celebri sono da anni «nutella-dipendenti», primo fra tutti il regista Nanni Moretti che alla tanto amata crema di nocciole ha dedicato alcune famose sequenze dei suoi film.

La Nutella ha accompagnato l'infanzia di molti bambini, è stata la protagonista di abbondanti merende di golosi adolescenti, ha riempito le serate solitarie di tanti adulti, ha compensato la fame affettiva di mogli tradite e mariti abbandonati. Probabilmente rovina il fegato e fa aumentare il colesterolo, ma è una compagna assolutamente discreta e fedele. «Il crescente amore per la Nutella ha seguito il viaggio quarantennale dell'Italia da Paese povero a potenza industriale» scrive Andrea Lee.

Ma agli americani piace la Nutella? Andrea Lee non può dirlo perché ancora non lo sa. L'industria dolciaria Ferrero, infatti, ha invaso l'America con decine di prodotti alimentari (dolci confezionati, caramelle ecc.) ma non ha ancora introdotto la Nutella nei grandi circuiti commerciali. Chi vuole assaggiare questa delizia tutta italiana deve infatti andare alla ricerca di negozi specializzati, come «Dean & De Luca» nel Greenwich Village. Comunque il lancio su vasta scala non è lontano e il successo di massa non tarderà ad arrivare.

Intanto Andrea Lee prepara psicologicamente gli americani all'incontro con la tanto celebrata crema al cacao, e li invita ad accoglierla con tutti gli onori. «Non c'è nessuna ragione - dice - perché il Nuovo Mondo debba privarsi di una soluzione contro la tristezza già sperimentata nel Vecchio». Insomma, è proprio vero che, a qualunque latitudine, non di solo pane vive l'uomo.

rispondiamo sul testo

1. Che cos'è la Nutella?
2. Che cos'è il «cibo spazzatura»?
3. Agli americani piace la Nutella?
4. Chi produce questa celebrata crema di nocciole e cacao?

dizionario

biscotto: piccolo dolce cotto in forno
crescente: in aumento
cucchiaio: utensile da tavola per mangiare cibo più o meno liquido
dannoso: nocivo, pericoloso
fame: appetito
fetta: pezzo, striscia
mascella: mandibola
merenda: piccolo pasto del pomeriggio tipico dell'infanzia
riempirsi: mangiare troppo
spazzatura: immondizia, rifiuti
untuoso: oleoso, grasso
vasetto: contenitore di vetro per prodotti alimentari

1. Secondo Andrea Lee gli americani hanno un complesso di inferiorità nei confronti:
a. degli italiani
b. della cucina italiana
c. della cultura italiana

2. Molti americani si alzano nel cuore della notte:
a. a mangiare burro di noccioline
b. per vedere un film in Tv
c. a divorare biscotti

3. Gli spaghetti sono un elemento:
a. dell'infanzia di molti bambini
b. dell'Italia industriale
c. della dieta mediterranea

4. Probabilmente la Nutella fa aumentare:
a. l'ansia
b. il colesterolo
c. la tristezza

competenza linguistica

Completare il seguente paragrafo dell'articolo con il passato prossimo dei verbi in parentesi:

La Nutella (accompagnare) .... l'infanzia di molti bambini, (essere) .... la protagonista di abbondanti merende di golosi adolescenti, (riempire) .... le serate solitarie di tanti adulti, (compensare) .... la fame affettiva di mogli tradite e mariti abbandonati. Probabilmente (rovinare) .... il fegato e (fare) ....aumentare il colesterolo, ma (essere) .... una compagna assolutamente discreta e fedele. «Il crescente amore per la Nutella (seguire) .... il viaggio quarantennale dell'Italia da Paese povero a potenza industriale» (scrivere) .... Andrea Lee.

vero o falso?

v. f.

☐ ☐ 1. Molti americani mangiano Nutella mentre guardano la televisione.

☐ ☐ 2. Nanni Moretti è un famoso regista italiano.

☐ ☐ 3. E' possibile comprare la Nutella in tutti i supermercati degli Stati Uniti.

☐ ☐ 4. La giornalista Andrea Lee lavora per il «New York Times».

riassumere il testo

LA VERA E UNICA PIZZA NAPOLETANA

Donella Presenti, settembre 1997

Antonio Bassolino, sindaco di Napoli, ha deciso di depositare il marchio della vera pizza napoletana presso la Camera di Commercio di Roma, per mettere fine alla lunga serie di «falsi» che circolano da anni nei ristoranti e nei fast food di tutto il mondo.

Per essere sicuro di non commettere errori, il sindaco ha incaricato un gruppo di esperti (guidati dal professor Carlo Mangoni di Santo Stefano, docente di Scienza della nutrizione all'Università di Napoli) di individuare con esattezza gli ingredienti e il modo di preparazione del tipico piatto partenopeo, e di scrivere poi un regolamento che dovrà essere rigorosamente rispettato da cuochi e pizzaioli. Chi non seguirà le indicazioni e includerà ugualmente nel menu del proprio ristorante la voce «pizza napoletana» sarà multato.

La commissione di ricerca nominata da Bassolino ha stabilito che la pizza napoletana esiste solo in due versioni: Margherita (preparata con pomodoro, mozzarella, sale e basilico) e Marinara (con aglio, olio, origano e sale). Le altre (con prosciutto, acciughe, funghi, olive ed altri ingredienti) sono certamente pizze ma non «pizze napoletane». Anche la preparazione è particolare. L'impasto deve essere fatto con farina di tipo 00, sale marino e lievito di birra fresco. L'olio deve essere messo al centro dell'impasto. I pomodori devono essere San Marzano (cioè di un tipo che cresce solo fra Napoli e Salerno) e in scatola, perché quelli freschi contengono troppa acqua. La mozzarella deve arrivare dalla provincia di Benevento. La pasta deve essere lavorata solo con le mani, e il forno (cosa importantissima!) deve essere costruito interamente di mattoni e riscaldato a legna.

Probabilmente a spingere il sindaco di Napoli a prendere questa decisione ha contribuito anche un fatto accaduto qualche tempo fa in California, dove Joe Ling Jung, un cinese proprietario di una catena di ristoranti, ha sostenuto in tribunale il suo diritto a brevettare il marchio della pizza. A suo parere, infatti, il piatto è nato in Cina centinaia di anni fa e lui è stato il primo a scoprire questa verità rivoluzionaria. Per fortuna il giudice McIntire di San Francisco ha respinto la sua richiesta, ma se Ling Jung avesse vinto la causa sarebbe diventato ricchissimo con i «diritti d'autore» ereditati dai suoi antenati orientali.

Benvenuta allora l'idea di Antonio Bassolino, che fa salire il nostro orgoglio nazionale e anche le nostre finanze. Dice il sindaco a questo proposito: «L'iniziativa ci permette di esportare nel mondo la nostra vera cultura gastronomica e di guadagnare un po' di denaro: siccome il Comune di Napoli è il titolare del marchio, chi vorrà usarlo da ora in poi dovrà pagare». Dagli Stati Uniti, dal Giappone e dall'Australia sono già arrivate molte richieste: tutti vogliono il marchio originale da esporre nel proprio ristorante e si dichiarano pronti a comprare pomodori e mozzarella in Campania per rispettare il regolamento.

Ma chi insegnerà ai pizzaioli di tutto il mondo l'arte di cucinare questo piatto semplice, antico e tanto amato? «Da più di un anno - dice il sindaco di Napoli - l'Associazione pizzaioli napoletani organizza appositi corsi, con esame e diploma finale».

83

rispondiamo sul testo

1. Quale decisione ha preso il sindaco di Napoli?
2. Quante versioni ci sono della vera pizza napoletana?
3. Chi è Joe Ling Jung e che cosa voleva fare?
4. Quali vantaggi porterà al Comune di Napoli il deposito del marchio della vera pizza napoletana?

dizionario

accadere: succedere, avvenire
brevettare: registrare
catena: gruppo di negozi con lo stesso nome e lo stesso proprietario
commettere: fare, compiere
depositare: registrare
docente: professore di università
esperto: conoscitore, consulente
impasto: composto, mescolanza di vari ingredienti
incaricare: commissionare a, affidare a
mattone: laterizio di terracotta di forma rettangolare
multare: infliggere una sanzione in denaro
parere: opinione, punto di vista
partenopeo: napoletano (da Partenope, antico nome di Napoli)
regolamento: raccolta di regole
respingere: non accettare, bocciare
sindaco: capo dell'amministrazione di un comune
sostenere: affermare, dichiarare
tribunale: luogo dove si esercita la giustizia

scelta multipla

1. La mozzarella della vera pizza napoletana deve arrivare da:
a. Napoli
b. Benevento
c. Salerno

2. I pomodori della vera pizza napoletana devono essere:
a. freschi
b. in scatola
c. secchi

3. Ristoranti e pizzerie che vorranno servire la vera pizza napoletana dovranno rispettare:
a. l'orgoglio
b. il regolamento
c. il sindaco

4. All'Università di Napoli c'è una facoltà di:
a. Scienze gastronomiche
b. Scienza della cucina
c. Scienza della nutrizione

competenza linguistica

Nel seguente paragrafo dell'articolo ci sono dieci errori. Trovateli e fate le opportune correzioni.

Per essere sicuro di non commettere errori, lo sindaco Bassolino è incaricato un gruppo di esperti – guidati dal professor Carlo Mangoni di Santo Stefano – di indovinare con esattezza gli ingredienti e il molo di preparazione del topico piatto partenopeo, e di scrivere poi un regolamento chi dovrà essere rigorosamente rispettata da cuoci e pizzaioli. Chi non seguirà gli indicazioni e includerà ugualmente nel menu del loro ristorante la voce «pizza napoletana» sarà multato.

vero o falso?

v. f.

☐ ☐   1. Per preparare la pizza Margherita sono necessari i seguenti ingredienti: pomodoro, prosciutto, sale e basilico.

☐ ☐   2. Nella pizza Marinara non ci sono le acciughe.

☐ ☐   3. Il forno per la pizza deve essere di mattoni e riscaldato a carbone.

☐ ☐   4. Joe Ling Jung è proprietario di vari ristoranti in California.

riassumere il testo

COME SI DEVONO MANGIARE GLI SPAGHETTI?

Vanna Vivoli, settembre 2001

Per gli inglesi mangiare gli spaghetti è diventato un fatto terribilmente serio, tanto da disturbare gli studiosi dell'Università di Cambridge per farsi spiegare come fare. Il problema è il seguente: perché gli inglesi si sporcano tanto mangiando il celebre e amatissimo piatto italiano? E come fare per evitarlo? Una catena di supermercati, la Testo, ha considerato il problema così importante da decidere di commissionare una seria ricerca al professor Colino Humphreys, docente di Scienza dei materiali. Il «Sunday Telegraph», poi, ha dedicato un'intera pagina al tema, con tanto di foto del professore che sta per mangiare una forchettata di vermicelli.

Per realizzare la ricerca Humphreys ha costretto i suoi collaboratori a quotidiane spaghettate in sala mensa. Qui, dall'esame delle macchie sulla tovaglia, è arrivato al primo risultato: si fanno più schizzi con le salse a base di panna che con le altre. In termini scientifici: un'alta viscosità crea un coefficiente di attrito più alto e quindi meno macchie. I campioni portati dalla sala mensa sono stati anche esaminati per valutare l'energia cinetica e la forza centrifuga del filo di pasta.

Alla fine Humphreys è arrivato a questa conclusione: il rischio di macchia aumenta se lo spaghetto è avvolto solo per ¾ della sua lunghezza. Il colpo di polso con cui si avvicina la forchetta alla bocca dà un'accelerata alla coda dello spaghetto di quasi 3 metri al secondo, producendo una forza centrifuga che fa schizzare la salsa a oltre un metro di distanza.

Quindi, a chi vuole mangiare gli spaghetti senza sporcarsi, il professore consiglia di tenere la forchetta in verticale, di arrotolare con cura e con calma, di tenere il cucchiaio in orizzontale sotto la forchetta per aiutare l'avvolgimento e di raccogliere la salsa ribelle (da noi il galateo proibisce assolutamente l'uso del cucchiaio, ma all'estero sembra che non se ne possa fare a meno!).

Di fronte a tutto questo gli italiani sorridono. Tra gli altri Antonio Carlucci, proprietario di uno dei più frequentati ristoranti italiani di Londra, che, intervistato dal «Sunday Telegraph», si è limitato a precisare che gli spaghetti all'inglese sono troppo conditi, ed è questa la vera e unica ragione per cui la salsa schizza dappertutto.

Il professor Humphreys si dichiara comunque molto soddisfatto del suo lavoro perché, dice, «può aiutare milioni di persone». Speriamo però che non finisca tra i finalisti dell'IgNobel, il premio attribuito ogni anno alle ricerche più stupide dalla rivista di satira scientifica «Annals of Improbable Research».

dizionario

avvolto: arrotolato, girato intorno
campione: esemplare
coda: parte finale
commissionare: affidare, ordinare
condito: insaporito con l'aggiunta di varie sostanze alimentari
docente: professore di università
forchettata: quantità di cibo che si può prendere in una volta con la forchetta
galateo: buona educazione (dal manuale *Il Galateo*, scritto da Giovanni Della Casa nel 1555)
macchia: segno lasciato su una superficie da grasso, olio, tinta o altro
mensa: ristorante riservato a una determinata collettività (mensa universitaria, mensa aziendale ecc.)
panna: crema di latte
polso: parte del corpo tra mano e braccio
raccogliere: mettere insieme
schizzo: getto di sostanza liquida
spaghettata: grande mangiata di spaghetti
tovaglia: telo che si mette sulla tavola per mangiare
vermicelli: spaghetti molto sottili

rispondiamo sul testo

1. Che problema hanno gli inglesi con gli spaghetti?
2. Che cosa ha esaminato il professor Humphreys?
3. A quali conclusioni è arrivato con la sua ricerca?
4. Qual è, secondo lui, il modo migliore di mangiare gli spaghetti senza sporcarsi?
5. Che cos'è il premio IgNobel?

1. Il professor Colin Humphreys insegna:
a. Scienza della nutrizione
b. Scienza dei materiali
c. Scienza dell'energia

2. Le salse a base di panna hanno:
a. una bassa viscosità
b. un'alta viscosità
c. molta viscosità

3. Per evitare di sporcarsi bisogna arrotolare gli spaghetti con:
a. il coltello
b. estrema velocità
c. cura

4. Antonio Carlucci è proprietario:
a. del «Sunday Telegraph»
b. di una rivista di satira scientifica
c. di un ristorante

Completare le seguenti frasi con i pronomi relativi:

1. La maniera in .... gli inglesi mangiano gli spaghetti è sbagliata.

2. Sono tantissimi gli inglesi .... si sporcano mangiando il celebre piatto italiano.

3. Il tema di .... parla l'articolo del «Sunday Telegraph» è molto interessante.

4. Il colpo di polso con .... si avvicina la forchetta alla bocca è la causa principale delle macchie.

5. A .... vuole mangiare gli spaghetti senza sporcarsi, il professore consiglia di tenere la forchetta in verticale.

6. Gli spaghetti .... si mangiano in Gran Bretagna sono molto differenti da quelli .... si mangiano in Italia.

86

v.   f.
☐ ☐   1. La Tesco ha molti supermercati in Gran Bretagna.
☐ ☐   2. Secondo la ricerca di Humpreys lo spaghetto dovrebbe essere avvolto solo per metà della sua lunghezza.
☐ ☐   3. Il galateo impone l'uso del cucchiaio per mangiare gli spaghetti.
☐ ☐   4. Secondo Antonio Carlucci gli spaghetti all'inglese sono conditi troppo poco.

MINISTRO MA ANCHE FALEGNAME

Alessandro Coppini, gennaio 1998

Nell'Italia degli omonimi, di quei signori che hanno lo stesso nome e cognome di personaggi famosi, Lamberto Dini non è mai stato ministro degli Esteri e fa il falegname; Rocco Buttiglione non guida un partito politico ma solo l'aratro (è un agricoltore); Umberto Bossi non ha nessuna intenzione di dividere l'Italia e lavora come carpentiere.

Osservando questo Paese «parallelo» si può anche arrivare alla conclusione che la pratica della clonazione degli esseri umani sia già applicata da lungo tempo, con buona pace di chi la combatte per scrupoli morali. Basta pensare che negli elenchi telefonici della Penisola il nome dell'ex magistrato più celebre d'Italia, l'Antonio Di Pietro di «mani pulite», compare addirittura 230 volte. Risultano invece veri «pezzi unici» Massimo D'Alema e Silvio Berlusconi: in tutto il Paese non c'è nessun altro che porta il loro nome e quindi sono assolutamente insostituibili!

Antonio Fazio, potente governatore della Banca d'Italia, ha un alter ego che con i soldi ha sicuramente un tipo di rapporto molto differente dal suo. Vive a Napoli ed ha più familiarità con le banconote da mille lire che con le migliaia di miliardi del deficit dello Stato: infatti è un venditore ambulante di pizza, panini e bibite. Il presidente degli industriali italiani Giorgio Fossa, spesso accusato di versare benzina sul fuoco delle polemiche che nascono ogni giorno sulla riforma dello Stato sociale, ha un omonimo a Reggio Emilia, anche lui presidente ma... di una cooperativa di pompieri.

Sono poi in molti a chiamarsi Giovanni Agnelli, come il presidente onorario della Fiat: uno fa il contadino in provincia di Piacenza e un altro il costruttore edile nella stessa zona. C'è poi un Luciano Violante, omonimo del Presidente della Camera, che dirige uno stabilimento balneare vicino a Pescara; una Valeria Marini, come la prosperosa attrice, che fa l'estetista a Cagliari; un Claudio Baglioni che non canta ma installa telefoni a Firenze; un Roberto Baggio che non rincorre un pallone ma lavora in una panetteria di Udine.

Portare un nome celebre comporta però più vantaggi o svantaggi? Secondo Antonio Di Pietro, programmista televisivo napoletano residente a Roma, gli aspetti negativi superano di molto quelli positivi. «In piena Tangentopoli - racconta - nella mia segreteria telefonica trovavo messaggi di ogni tipo, dalle segnalazioni di ruberie alle sollecitazioni ad indagare su questo o quel corrotto. Alla fine sono stato costretto a toglierla. E quando poi, in un paio di circostanze, ho dovuto chiamare carabinieri e polizia perché avevo bisogno di aiuto, appena ho detto il mio nome si sono arrabbiati perché credevano che fosse uno stupido scherzo». Dura la vita delle celebrità di riflesso!

rispondiamo sul testo

1. Chi sono gli omonimi?
2. Chi è Antonio Di Pietro?
3. Perché Massimo D'Alema e Silvio Berlusconi sono «pezzi unici»?
4. Che lavoro fa l'omonimo del governatore della Banca d'Italia?
5. Qual è la professione di Valeria Marini?

dizionario

alter ego: persona che ne sostituisce un'altra
aratro: attrezzo agricolo usato per fare solchi nel terreno
arrabbiarsi: irritarsi, infuriarsi
stabilimento balneare: edificio per i bagni di mare
carpentiere: operaio che lavora alla costruzione di edifici
contadino: agricoltore
elenco telefonico: volume che contiene la lista in ordine alfabetico delle persone che hanno un numero telefonico
falegname: artigiano che fabbrica mobili
indagare: cercare di sapere, investi-gare
pompiere: vigile del fuoco
prosperoso: fiorente, florido
rincorrere: correre dietro
ruberia: furto, truffa

1. Negli elenchi telefonici italiani il nome Antonio Di Pietro compare:
a. più di 200 volte
b. a Udine e Piacenza
c. solo a Tangentopoli

2. Il vero Umberto Bossi ha intenzione di:
a. diventare presidente della Fiat
b. riformare lo Stato sociale
c. dividere l'Italia

3. l'omonimo di Roberto Baggio fa:
a. il carpentiere
b. il panettiere
c. il pompiere

4. Lamberto Dini è stato:
a. presidente degli industriali italiani
b. ministro degli Esteri
c. presidente della Camera

competenza linguistica

Mettere in ordine le seguenti parole formando delle frasi di senso compiuto:

1. applicata - clonazione - da - degli - della - è - esseri - la - lungo - pratica - tempo - umani

2. dello - giorno - nascono - ogni - riforma - sociale - sulla - Stato - polemiche

3. Agnelli - contadino - di - fa - Giovanni - il - in - Piacenza - provincia - un

4. a - balneare - c' - che - dirige - è - Luciano - Pescara - poi - stabilimento - un - uno - vicino - Violante

vero o falso?

v.   f.

☐   ☐   1. Antonio Di Pietro è l'ex avvocato più celebre d'Italia.

☐   ☐   2. C'è un'estetista a Cagliari omonima dell'attrice Valeria Marini.

☐   ☐   3. Secondo un omonimo di Antonio Di Pietro portare un nome celebre comporta più svantaggi che vantaggi.

☐   ☐   4. A causa del suo nome, questo Antonio Di Pietro è stato costretto a mettere una segreteria telefonica.

riassumere il testo

UN NUMERO ENORME DI «FALSI» PADRI

Alessandro Coppini, edizione estiva 1996

In Italia un bambino su venti sarebbe figlio illegittimo. E' quello che ha rivelato il professor Bruno Dallapiccola, docente di genetica umana all'Università di Tor Vergata di Roma, in un suo intervento al XXI congresso medico del Centro Pio Manzù, organizzato recentemente a Rimini.

Dallapiccola, effettuando accurate ricerche sui circa 70mila test genetici prenatali a cui ogni anno si sottopongono i futuri genitori per sapere se il feto sia o no affetto da una delle trenta malattie ereditarie più comuni (come l'emofilia o la fibrosi cistica), ha scoperto che almeno il 5% dei nascituri non era figlio del suo padre legale. «Mentre verificavamo la presenza delle malattie genetiche nel feto - ha spiegato Dallapiccola - abbiamo scoperto che in cinque casi su cento i soggetti analizzati avevano un Dna differente da quello del presunto genitore». Naturalmente nessuno dei medici che ha effettuato l'analisi, secondo il genetista romano, ha rivelato l'imbarazzante segreto ai diretti interessati. «In caso di test positivo - dice – noi medici ci limitiamo ad informare i genitori dei rischi che corre il figlio. Non vogliamo certo essere la causa della rottura di un matrimonio». Una rottura molto probabile, perché tutti sanno che i test del Dna sono estremamente attendibili e danno risposte sicurissime. «Le analisi genetiche - spiega Dallapiccola - hanno permesso di identificare i colpevoli di molti delitti dall'osservazione di una semplice cicca di sigaretta o di un capello».

Comunque, per tornare al caso dei «falsi» padri, può essere una consolazione ricordare che negli Stati Uniti ricerche analoghe a quelle di Dallapiccola hanno dato come risultato una percentuale di figli illegittimi doppia rispetto alla percentuale italiana.

rispondiamo sul testo

1. Come si è scoperto che in Italia un uomo su venti è un inconsapevole «falso» padre?
2. Perché i futuri genitori effettuano test genetici prenatali?
3. Il test del Dna è sicuro?
4. Che tipo di malattia è l'emofilia?

dizionario

attendibile: credibile, affidabile
cicca: resto di sigaretta, mozzicone
colpevole: responsabile
effettuare: fare, eseguire
genitore: padre (o madre)
nascituro: bambino che sta per nascere
illegittimo: nato da un relazione fuori dal matrimonio
presunto: creduto, ipotizzato
rottura: interruzione (di un rapporto)
sottoporsi: assoggettarsi, mettersi alla prova

1. Il numero dei test genetici prenatali effettuati ogni anno in Italia è:
a. superiore ai 100mila
b. doppio rispetto agli Stati Uniti
c. inferiore ai 100mila

2. Una delle trenta malattie ereditarie più comuni è la fibrosi:
a. genetista
b. cistica
c. genetica

3. I medici non vogliono essere la causa:
a. di figli illegittimi
b. della rottura di un matrimonio
c. delle analisi genetiche

4. Il Centro Pio Manzù ha organizzato:
a. una mostra
b. un congresso
c. un'analisi

competenza linguistica

Completare le seguenti frasi del professor Dallapiccola con il passato prossimo o l'imperfetto indicativo dei verbi in parentesi:

1. «Mentre noi (verificare) .... la presenza delle malattie genetiche del feto (scoprire) .... che in cinque casi su cento i soggetti analizzati (avere) .... un Dna differente da quello del presunto genitore».

2. «Le analisi genetiche (permettere) .... di identificare i colpevoli di molti delitti dall'osservazione di una semplice cicca di sigaretta».

vero o falso?

v. f.

☐ ☐ 1. L'università di Tor Vergata è a Rimini.

☐ ☐ 2. I medici che effettuano le analisi avvertono sempre i genitori se l'uomo non è il vero padre del nascituro.

☐ ☐ 3. Il professor Dallapiccola insegna genetica umana.

☐ ☐ 4. Negli Stati Uniti hanno effettuato una ricerca analoga a quella di Dallapiccola.

riassumere il testo

SAN VALENTINO, IL PAESE DELLE ZITELLE

Vanna Vivoli, ottobre 2001

In provincia di Salerno c'è un paese che si chiama San Valentino Torio. Lo hanno ribattezzato «il paese dell'amore», perché vi si venera il protettore degli innamorati, San Valentino appunto. Ma, a giudicare dall'enorme numero di donne nubili che ci abitano, Cupido in paese non tira più tante frecce come una volta. Tanto che il sindaco Giuseppe Corazziere, insegnante di matematica in pensione, ha lanciato alla nazione un singolare appello: «Abbiamo molte donne e pochi uomini, vorremmo gemellarci con qualche Comune che ha il problema opposto e favorire così nuovi matrimoni». Due Comuni ricchi di scapoli hanno risposto subito: Serrapetrona, vicino a Macerata, e Tavenna, in provincia di Campobasso.

Se poi i gemellaggi non bastassero a trovare fidanzati per le donne di San Valentino, c'è un'altra possibilità: un calendario pubblicitario, anche questo frutto dell'incontenibile fantasia di Corazziere. Il calendario delle nubili avrà come protagoniste dodici tra le più belle ragazze in età da marito di San Valentino Torio e partirà, invece che dal primo gennaio, dalla data-simbolo del 14 febbraio per terminare esattamente dodici mesi dopo. In paese lo chiamano «il calendario delle zitelle», ma le centinaia di nubili di San Valentino Torio non vogliono assolutamente essere definite così. «Sono donne in gran parte istruite, che navigano su Internet, portano avanti negozi e aziende, e sono pronte a ulteriori sfide» le difende Corazziere.

All'inizio gli uomini del paese non approvavano l'iniziativa del sindaco: il suo appello sembrava un affronto alla loro virilità. E anche le donne si vergognavano. Poi, un po' per volta, il muro della diffidenza è caduto. «In ogni caso – spiega Marco Amatrudo, 36 anni, presidente del Consiglio comunale e, in assoluto, l'uomo più corteggiato del paese – il principale obbiettivo è stato già raggiunto. Abbiamo infatti avuto il coraggio di mettere in evidenza il problema della solitudine».

rispondiamo sul testo

1. Qual è la particolarità di San Valentino Torio?
2. Quando è la festa di San Valentino?
3. Che idee ha avuto il sindaco Giuseppe Corazziere?
4. Chi è l'uomo più corteggiato del paese?

dizionario

approvare: essere d'accordo
corteggiare: cercare di suscitare l'amore di qualcuno
favorire: promuovere, facilitare
freccia: asta con punta acuta che si scaglia con un arco
frutto: risultato, prodotto
gemellarsi: associarsi con una città di un'altra nazione
nubile: donna non sposata
raggiungere: ottenere, conquistare
ribattezzare: cambiare nome
scapolo: uomo non sposato
sfida: prova, competizione
terminare: finire
sindaco: capo dell'amministrazione di un comune
tirare: lanciare, scagliare
venerare: onorare, adorare
zitella: parola dispregiativa per indicare una donna non sposata

1. Giuseppe Corazziere ha lanciato alla nazione un:
a. problema
b. grido
c. appello

2. Un uomo non sposato è:
a. nubile
b. scapolo
c. coniugato

3. Su Internet si:
a. naviga
b. scia
c. nuota

4. Le ragazze di San Valentino Torio hanno fatto un calendario:
a. pubblico
b. pubblicitario
c. protagonista

competenza linguistica

Completare le seguenti frasi con il futuro dei verbi in parentesi:

1. Se noi (avere) .... un figlio, lo (chiamare) .... Andrea.

2. L'iniziativa del sindaco (favorire) .... nuovi matrimoni.

3. Se tu non (rispondere) ...., lui non ti (parlare) .... più.

4. Loro non (approvare) .... sicuramente la sua iniziativa.

5. Sono sicuro che voi (raggiungere) .... il vostro obbiettivo.

vero o falso?

v. f.
☐ ☐ 1. Marco Amatrudo è un insegnante di matematica.
☐ ☐ 2. Tavenna è un paese in provincia di Campobasso.
☐ ☐ 3. Molte delle donne di San Valentino Torio sono istruite.
☐ ☐ 4. All'inizio gli uomini del paese giudicavano l'idea del sindaco offensiva per la loro dignità.

riassumere il testo

IL TEMPO IN CITTA'

Vanna Vivoli, novembre 1996

Milano che lavora, Bologna la dotta, Roma regina della «dolce vita», Napoli la pigra. I vecchi e banali luoghi comuni sui vizi e le virtù degli italiani esistono ancora. Lo conferma un recente sondaggio del Censi (Centro studi investimenti sociali), che ha esaminato le abitudini degli abitanti di queste quattro città sull'uso del tempo quotidiano.

Dalla ricerca risulta infatti che Milano è in testa per il tempo dedicato al lavoro e allo studio, con una media di sei ore al giorno a persona. Napoli detiene il record del tempo passato a dormire, con sette ore e quarantacinque minuti. A Bologna i cittadini trascorrono a tavola quasi due ore della loro giornata. Infine Roma si conferma regina del tempo libero: gli abitanti della capitale in media dedicano al divertimento, al riposo e alle attività fisiche tre ore e quarantacinque minuti al giorno.

Ma come passa la giornata il laborioso milanese? Quando torna a casa, dall'ufficio o dalla fabbrica, conquista subito un altro record: quello del tempo dedicato alle occupazioni domestiche (due ore e mezzo contro le due ore del bolognese). Il milanese, poi, impiega pochi minuti a fare acquisti: solo quarantacinque contro l'ora e mezzo dedicata alle compere dal napoletano, che lavora in media solo quattro ore e tre quarti.

Sia a Roma che a Napoli c'è il problema del traffico. La capitale detiene il record del tempo passato in auto o sui mezzi pubblici per raggiungere il posto di lavoro e tornare a casa: cinquanta minuti al giorno. I napoletani, invece, impiegano solo quaranta minuti per questo genere di spostamenti, ma sono insuperabili (con un'ora e quaranta al giorno) se si sommano i periodi di tempo che passano su un qualsiasi mezzo di trasporto per raggiungere i luoghi di divertimento, sport e cultura.

Ma il vero problema da risolvere per tutti è quello del tempo libero. Se Roma è in testa alla classifica, nelle altre città il periodo a disposizione per lo svago non è mai inferiore alle tre ore. I dati rilevati dall'ultima indagine dell'Istat (Istituto centrale di statistica) ci danno un quadro non proprio entusiasmante su come passa il tempo l'italiano medio: solo mezz'ora al giorno dedicata alle passeggiate, un quarto d'ora allo sport, diciotto minuti alla lettura, altrettanti a giocare o coltivare un hobby... ma quasi due ore davanti alla televisione!

rispondiamo sul testo

1. In quale città si trascorre più tempo a tavola?
2. Perché Napoli è definita «la pigra»?
3. Che cosa fa, in generale, un milanese quando torna a casa dall'ufficio o dalla fabbrica?
4. Qual è l'occupazione preferita dall'italiano medio durante il tempo libero?

dizionàrio

compera: acquisto
detenere: avere, possedere
dotto: colto, istruito
entusiasmante: esaltante, incoraggiante
impiegare: metterci
insuperabile: imbattibile, invincibile
pigro: indolente, che non ama muoversi
quotidiano: di ogni giorno
rilevare: apprendere
sondaggio: ricerca, inchiesta
spostamento: cambiamento di posto, trasferimento
svago: divertimento, passatempo
trascorrere: passare

scelta multipla

1. La regina della «dolce vita» è:
a. Napoli
b. Milano
c. Roma

**2. Secondo un luogo comune,
il milanese è:**
a. pigro
b. laborioso
c. dotto

**3. Roma e Napoli hanno gravi
problemi di:**
a. traffico
b. cultura
c. temperatura

4. I romani dedicano al tempo libero:
a. quasi quattro ore al giorno
b. dieci ore alla settimana
c. venti ore al mese

competenza linguistica

**Completare le seguenti frasi con
le parole mancanti:**

1. I vecchi e banali .... comuni sui vizi e le .... degli italiani esistono ancora.

2. Napoli detiene il record del tempo .... a dormire, con sette .... e quarantacinque minuti al giorno.

3. La capitale .... il record del tempo passato in auto o sui .... pubblici.

4. Il milanese impiega pochi minuti a .... acquisti.

5. Il vero .... da risolvere per tutti è .... del tempo libero.

6. I dati rilevati dall'ultima .... dell'Istat ci danno un .... non proprio entusiasmante su .... passa il tempo l'italiano medio.

vero o falso?

v.   f.

☐ ☐   1. Milano è in testa per il tempo dedicato allo sport e alle passeggiate.
☐ ☐   2. Roma è la regina del tempo libero.
☐ ☐   3. I napoletani lavorano più dei milanesi.
☐ ☐   4. Gli italiani dedicano meno di mezz'ora al giorno alla lettura.

riassumere il testo

persone

Parte IV

IL MATRIMONIO DI LUCIANO PAVAROTTI

Vanna Vivoli, dicembre 2003

Luciano Pavarotti e Nicoletta Mantovani sono marito e moglie. Il fatidico sì è stato pronunciato lo scorso 13 dicembre nel Teatro Comunale di Modena davanti al sindaco Giuliano Barbolini.

Nicoletta Mantovani è arrivata alla cerimonia in ritardo di circa mezz'ora, accompagnata dal padre a bordo di una limousine Mercedes ornata di fiori. Vestita con un abito rosa di Giorgio Armani, come la figlia Alice di 11 mesi, ha salutato la folla di curiosi che da molte ore aspettava davanti al teatro, controllato da un imponente servizio di sicurezza formato da polizia, vigili urbani e carabinieri a cavallo. Mentre Pavarotti era già entrato, senza farsi vedere, dall'ingresso degli artisti.

La cerimonia, preparata con attenzione dalla stessa Nicoletta, è stata breve. Sulla scena c'erano un tavolo per il sindaco e sei poltroncine per sposi e testimoni: per Pavarotti Franca Corfini, moglie del professor Andrea Strata, dietologo del tenore, e l'amico fraterno Franco Casarini; per Nicoletta Mantovani un cugino e un'amica.

Curatissima la parte musicale: brani di musica sacra e cori gospel. Al termine Pavarotti, visibilmente emozionato, ha voluto ringraziare la città di Modena e ha spiegato di aver scelto un teatro come luogo della cerimonia perché «il teatro è la chiesa degli artisti».

Tra gli invitati c'erano moltissime celebrità: ovviamente gli altri «due tenori», Placido Domingo e Josè Carreras, e poi Bono, Sting, Andrea Bocelli, Zucchero, Laura Pausini, Lucio Dalla e le stiliste Alberta Ferretti, Maria Luisa Trussardi e Roberta Armani.

Invece dei regali di nozze Pavarotti ha chiesto ai suoi invitati di fare donazioni ad alcune associazioni di beneficenza, tra cui l'Unhcr (Alto commissariato Nazioni Unite per i rifugiati).

97

rispondiamo sul testo

1. Dove si è sposato Pavarotti?
2. Chi ha disegnato l'abito da sposa di Nicoletta Mantovani?
3. Perché Pavarotti ha scelto di sposarsi in un teatro?
4. Che cosa ha chiesto Pavarotti ai suoi invitati invece dei regali di nozze?

dizionario

al termine: alla fine
brano: parte di una composizione musicale o letteraria
fatidico: atteso, fatale
folla: grande numero di persone
nozze: matrimonio
ornato: decorato, abbellito
sindaco: capo dell'amministrazione di un comune
testimone: chi assiste alla scrittura di un atto pubblico e ne certifica la validità con la sua firma
vigile urbano: poliziotto municipale

scelta multipla

1. Il «sì» di chi si sposa è:
a. imponente
b. fatidico
c. musicale

2. L'abito di Nicoletta Mantovani era:
a. rosa
b. rosso
c. rotto

3. Luciano Pavarotti era visibilmente:
a. preparato
b. emozionato
c. emaciato

4. Davanti al teatro c'era una grande:
a. moglie
b. celebrità
c. folla

competenza linguistica

**Trasformare le seguenti espressioni
dal singolare al plurale:**

1. Il marito e la moglie
   ....

2. Il padre e la figlia
   ....

3. Il carabiniere e il vigile urbano
   ....

4. L'artista e il tenore
   ....

5. L'amico e il cugino
   ....

6. La celebrità e l'invitato
   ....

vero o falso?

v. f.

☐ ☐ 1. Luciano Pavarotti è arrivato a bordo di una Mercedes.

☐ ☐ 2. Luciano Pavarotti e Nicoletta Mantovani hanno una figlia piccola.

☐ ☐ 3. La parte musicale della cerimonia era costituita da brani d'opera.

☐ ☐ 4. Al matrimonio non erano presenti Placido Domingo e Josè Carreras.

riassumere il testo

UN GRAZIE ALLA FRANCIA PER IL PACS

Alessandro Coppini, novembre 2002

Le cinquecentesche sale di Palazzo Farnese, sede del Consolato di Francia a Roma, sono state teatro del primo matrimonio gay celebrato in Italia. Lo scorso 20 ottobre Alessio De Giorgi, genovese di 37 anni, e il suo compagno Christian Panicucci, toscano con origini francesi di 33 anni, hanno potuto dire «oui» grazie alla legge francese del Pacs (Patto di convivenza e solidarietà), che riconosce legalmente le unioni di fatto sia etero che omosessuali.

La cerimonia è stata breve (appena un minuto e mezzo) ma emozionante. Gli sposi, in completo scuro e cravatta rosa, hanno firmato il Pacs davanti ai loro due testimoni: Franco Grillini, presidente dell'Arcigay (la più importante associazione italiana per i diritti degli omosessuali), e Gianni Vattimo, filosofo e deputato europeo dei Democratici di Sinistra. Poi si sono scambiati le fedi nuziali sulle scale del Consolato, con tradizionale bacio e lancio di riso, prima di andare a festeggiare con parenti e amici in un ristorante della vicina piazza Farnese.

«E' un giorno straordinario e meraviglioso - hanno dichiarato Alessio e Christian - ed è la dimostrazione che qualche volta i sogni possono realizzarsi. Può anche essere l'occasione per stimolare il parlamento italiano a fare una legge che riconosca i diritti di tutte le coppie di fatto, simile a quelle che già esistono in Francia ed in altri Paesi europei».

Alla cerimonia hanno partecipato anche i genitori di Alessio e la madre di Christian, insieme a giornalisti, esponenti del movimento gay italiano e molti curiosi. Il pranzo di nozze è terminato con l'arrivo di una classica torta nuziale, con tanto di statuine sulla sommità: ovviamente due uomini invece di un uomo e una donna. Fra i messaggi di auguri che la coppia ha ricevuto c'è stato anche quello del sindaco di Parigi, Bertrand Delanoe, ancora convalescente dopo la recente aggressione da parte di un fanatico omofobo.

Alessio e Christian, che vivono insieme a Pisa già da dieci anni, hanno potuto regolarizzare la loro unione grazie al fatto che Christian, anche se è cittadino italiano e abita da sempre in Italia, è nato a Grenoble ed ha anche la cittadinanza francese.

rispondiamo sul testo

1. Che cos'è il Pacs?
2. Dove si è svolta la cerimonia di nozze di Christian e Alessio?
3. Che cos'è l'Arcigay?
4. Chi ha inviato un messaggio di auguri alla coppia?
5. La legge italiana non permette i matrimoni fra persone dello stesso sesso. Perché Alessio e Christian hanno potuto regolarizzare la loro unione?

dizionario

completo: abito formato da giacca e pantaloni (o gonna) dello stesso tessuto e colore
convivenza: vita in comune, coabitazione
fede nuziale: anello di matrimonio
festeggiare: celebrare
nozze: matrimonio
riconoscere: accettare, approvare
terminare: finire

scelta multipla

1. Alessio De Giorgi è nato:
a. a Pisa
b. a Genova
c. a Parigi

2. Al matrimonio hanno partecipato:
a. il padre di Christian
b. i fratelli di Alessio
c. i genitori di Alessio

3. Il pranzo di nozze ha avuto luogo:
a. in un ristorante
b. al Consolato di Francia
c. a Pisa

4. Gianni Vattimo è:
a. il presidente dell'Arcigay
b. il sindaco di Parigi
c. un filosofo

competenza linguistica

Completare le seguenti frasi con il passato prossimo del verbo essere:

1. Roma .... teatro del primo matrimonio gay celebrato in Italia.

2. La cerimonia .... breve ma emozionante.

3. I testimoni degli sposi .... Franco Grillini e Gianni Vattimo.

4. Bertrand Delanoe .... vittima di un'aggressione da parte di un fanatico.

5. Le madri di Alessio e Christian .... felici di questo matrimonio.

vero o falso?

v. f.

☐ ☐ 1. Alessio De Giorgi è più giovane del suo compagno Christian Panicucci.

☐ ☐ 2. Gli sposi indossavano un vestito scuro.

☐ ☐ 3. La Francia è l'unico Paese europeo in cui esiste una legge che regolarizza le unioni di fatto.

☐ ☐ 4. Christian Panicucci è cittadino italiano, ma abita da sempre a Grenoble.

riassumere il testo

LA BAMBINA PIU' PICCOLA DEL MONDO

Alessandro Coppini, edizione estiva 2002

Al momento della nascita, avvenuta lo scorso febbraio con parto cesareo nel reparto di ostetricia dell'ospedale fiorentino di Careggi dopo una gestazione di 27 settimane, Perla pesava appena 285 grammi ed era lunga soltanto 25 centimetri. Il suo destino sembrava segnato, perché nessuno pensava che una bambina così piccola potesse vivere più di qualche giorno. Invece Perla ce l'ha fatta e adesso, dopo quattro mesi di permanenza in ospedale, è tornata a casa con i suoi genitori stabilendo anche un insolito primato: quello del neonato con il peso più basso mai sopravvissuto, il più piccolo del mondo. La letteratura medica registra infatti il solo precedente di un bambino giapponese, nato negli anni '90, che pesava però 300 grammi e presentava alcune lesioni.

A parlare del caso di Perla è stato il professor Firmino Rubaltelli, direttore del reparto di terapia intensiva neonatale dell'ospedale di Careggi, che insieme alla sua squadra di medici ed infermieri è riuscito a realizzare quello che viene giudicato come «un vero e proprio miracolo».

«La madre di Perla - racconta Giorgio Mello, direttore del reparto di ostetricia – è venuta da noi per farsi visitare quando era alla decima settimana di gestazione. Le sue condizioni fisiche erano critiche a causa di una grave forma di artrite che, continuando la gravidanza, avrebbe potuto portarla anche all'amputazione degli arti inferiori». Ma la donna, una fiorentina di trent'anni, ha preferito rischiare ed andare comunque avanti, rifiutando un aborto terapeutico. Così la gravidanza è continuata sotto costante controllo medico fino alla ventisettesima settimana, quando le condizioni della paziente sono improvvisamente peggiorate ed è stato necessario anticipare il parto.

Subito dopo la nascita Perla (che non è il vero nome della bambina ma quello con cui è stata affettuosamente ribattezzata dal personale sanitario del reparto di neonatologia) è stata sottoposta a ventilazione artificiale, come tutti i neonati prematuri, solo che per lei i medici hanno dovuto usare delle cannule sperimentali perché quelle che avevano in dotazione erano troppo grandi. Superato brillantemente anche il naturale calo fisiologico dei primi giorni di vita, che le ha causato una perdita di trenta grammi di peso, la piccola ha poi cominciato a crescere fino a raggiungere senza problemi il limite dei due chili, giudicato indispensabile per cominciare un'esistenza normale. E infatti adesso Perla ha potuto finalmente lasciare l'ospedale, anche se dovrà continuare a sottoporsi a regolari controlli periodici.

«Come tutti i neonati cosiddetti "critici" sarà seguita per altri 6 anni, ma le sue probabilità di avere una vita normale - ha detto Rubaltelli - sono vicine al 100%».

I genitori di Perla hanno dato il proprio permesso alla diffusione della notizia perché hanno capito l'importanza scientifica del caso e soprattutto perché vogliono dare speranza ad altri genitori che dovessero trovarsi in condizioni simili. Hanno però preferito mantenere l'anonimato per lasciare a Perla, quando sarà adulta, la scelta di raccontare o no la sua storia.

101

rispondiamo sul testo

1. Perché il caso di Perla è giudicato eccezionale?
2. Perché la gravidanza della madre della bambina è stata difficile?
3. Che cosa hanno dovuto fare i medici dopo la nascita della bambina?
4. Perché i genitori hanno deciso di autorizzare la diffusione della notizia?

dizionario

aborto: interruzione spontanea o provocata della gravidanza
anticipare: fare una cosa prima del tempo fissato
calo: diminuzione
cannula: strumento allungato, tubolare
crescere: aumentare
dotazione: insieme di materiali assegnati a un persona o a un ufficio per svolgere un'attività
farcela: riuscire
gestazione: periodo necessario allo sviluppo completo del feto
gravidanza: periodo che precede la nascita di un bambino (i nove mesi tra il concepimento e il parto)
neonato: bambino appena nato o nato da poco
parto: espulsione del bambino dal corpo della madre alla fine della gestazione
precedente: fatto successo prima
prematuro: nato prima del tempo giusto
primato: record
reparto: sezione di un ospedale
segnato: stabilito, deciso
sottoporre: far affrontare a qualcuno qualcosa di spiacevole

1. Perla è nata:
a. a Firenze
b. dopo una gestazione di 24 settimane
c. negli anni Novanta

2. Il direttore del reparto di ostetricia dove è nata Perla si chiama:
a. Firmino Rubaltelli
b. Paolo Careggi
c. Giorgio Mello

3. La madre di Perla voleva:
a. continuare la gravidanza
b. un aborto terapeutico
c. l'amputazione delle gambe

4. Perla sarà seguita dai medici per i prossimi:
a. 30 anni
b. 9 anni
c. 6 anni

competenza linguistica

Completare il seguente paragrafo dell'articolo con i pronomi mancanti (dimostrativi, relativi, personali ecc.):

Subito dopo la nascita Perla (.............. non è il vero nome della bambina ma .... con .... è stata affettuosamente ribattezzata dal personale sanitario del reparto di neonatologia) è stata sottoposta a ventilazione artificiale, come tutti i neonati prematuri, solo che per .... i medici hanno dovuto usare delle cannule sperimentali perché .... avevano in dotazione erano troppo grandi. Superato brillantemente anche il naturale calo fisiologico dei primi giorni di vita, ... ha causato una perdita di trenta grammi di peso, la piccola ha poi cominciato a crescere fino a raggiungere senza problemi il limite dei due chili, giudicato indispensabile per cominciare un'esistenza normale. E infatti adesso Perla ha potuto finalmente lasciare l'ospedale, anche se dovrà continuare a sottopor.......... a regolari controlli periodici.

vero o falso?

v. f.

☐ ☐ 1. Prima di Perla il neonato più piccolo mai sopravvissuto era un bambino giapponese.

☐ ☐ 2. La madre di Perla è una fiorentina di 25 anni.

☐ ☐ 3. Quando è nata, Perla pesava poco più di tre etti.

☐ ☐ 4. I genitori di Perla hanno chiesto alla stampa di non rivelare il loro nome.

riassumere il testo

NIKY, IL PRIMO ALUNNO VIRTUALE

Vanna Vivoli, gennaio 2002

Si chiama Niky, ha cinque anni e sarà il primo alunno italiano a sperimentare la scuola in rete. Tutti i giorni il bambino seguirà le lezioni a distanza grazie ad un impianto satellitare collegato con la scuola elementare di Lipari, nelle isole Eolie. Il ministero della Pubblica istruzione ha dato il via libera all'iniziativa e ha autorizzato il professor Enzo Donato a coordinare l'intero progetto. Un'iniziativa nata per risolvere un problema specifico che poi è una scelta di vita: i genitori di Niky tra pochi mesi andranno in pensione e hanno deciso di vivere a bordo di una barca, sempre in giro per il mondo. Senza questa possibilità Niky non avrebbe potuto frequentare la scuola dell'obbligo.

Per tutti i ragazzi la scuola inizierà a settembre ma, a differenza dei suoi coetanei, Niky non siederà in un banco, non scriverà sulla lavagna né sentirà la campanella d'inizio e fine lezione. E, cosa eccezionale, seguirà le spiegazioni degli insegnanti senza averli fisicamente di fronte e senza che il suo nome sia scritto su un registro. Niky, insomma, sarà un alunno virtuale. La sua immagine arriverà in classe attraverso un computer mentre lui — insieme a mamma, papà, zio e un cane — sarà in chissà quale parte del mondo a bordo di una barca.

I genitori di Niky si chiamano Paola Giacotto e Paolo Frascisco, e sono impiegati in una fabbrica di materiale elettrico a Bellinzago, in provincia di Novara. «Ma ancora per poco — dice la signora — perché tra qualche mese con questo lavoro chiuderemo per sempre. Intanto, con i nostri risparmi, stiamo ultimando una barca di ventisei metri, con cui ci muoveremo da una parte all'altra del mondo. Con noi, in questa perenne crociera, ci sarà anche Bruno, il fratello di mio marito, ed un dobermann. E' chiaro che, non essendo milionari, prima o poi i soldi finiranno. Quindi per continuare a navigare organizzeremo, di volta in volta, gite charter per turisti. Tra cinque anni, però, Niky dovrà tornare a Lipari per gli esami di quinta elementare».

Il bambino andrà a scuola stando in barca, senza socializzare fisicamente con i suoi coetanei: una situazione eccezionale che però non preoccupa i suoi genitori. «A Niky – dicono - abbiamo spiegato tutto nei minimi particolari, e lui è d'accordo con la nostra scelta. E' un bambino molto più maturo della sua età ed è felice di vivere l'avventura che lo aspetta. E poi, per essere sinceri, ha bisogno di aria di mare e non può più stare in mezzo alla nebbia. Certo, se poi ci renderemo conto che qualcosa non va, saremo pronti a ritornare sulla nostra decisione aspettando che Niky cresca e possa decidere sul suo futuro. Intanto partiremo, per realizzare un sogno che abbiamo fin da quando eravamo ragazzi: quello di girare per il mondo».

rispondiamo sul testo

1. Quale scelta di vita hanno fatto i genitori di Niky?
2. Perché Niky non potrà frequentare fisicamente la scuola elementare?
3. Chi, oltre a Niky, parteciperà all'avventura dei signori Frascisco?
4. Che cosa dovrà fare Niky fra cinque anni?

dizionario

alunno: allievo, scolaro
coetaneo: che ha la stessa età
collegare: unire, mettere in comunicazione
girare per il mondo: visitare il mondo in ogni sua parte
impianto: insieme di strumenti, dispositivi ecc.
iniziativa: proposta, progetto
lavagna: lastra di ardesia su cui si scrive con il gesso
maturo: saggio, equilibrato
perenne: senza fine, eterno
risparmi: denaro messo da parte per il futuro
ultimare: finire, terminare

1. Lipari è:
a. in provincia di Novara
b. una delle isole Eolie
c. vicino a Bellinzago

2. Lo zio di Niky si chiama:
a. Bruno
b. Paolo
c. Enzo

**3. La nave dei signori Frascisco
è lunga:**
a. 27 metri
b. 20 metri
c. 26 metri

4. Niky sarà un alunno:
a. virtuale
b. attento
c. pigro

competenza linguistica

Mettere l'articolo determinativo e indeterminativo davanti ai seguenti nomi:

1. .... alunno
2. .... scuola
3. .... isola
4. .... professore
5. .... problema
6. .... giro
7. .... lezione
8. .... parte
9. .... zio
10. .... sogno

vero o falso?

v. f.

☐ ☐ 1. Per tutti i ragazzi la scuola inizia a ottobre.

☐ ☐ 2. I genitori di Niky lavoravano in una fabbrica di materiale elettrico.

☐ ☐ 3. Durante la navigazione Paola Giacotto e Paolo Frascisco organizzeranno pranzi per i turisti.

☐ ☐ 4. Il sogno di Paola e Paolo è vivere sull'isola di Lipari.

riassumere il testo

LA CAPPELLA SISTINA DI MANCHESTER

Alessandro Coppini, edizione estiva 1995

Il Cocotoo è un ristorante di Manchester di circa trecento posti, realizzato in un tunnel sotto la ferrovia da tempo chiuso e ristrutturato. Chi lo frequenta può gustare ottime pizze, succulenti piatti di pasta e altre specialità della cucina italiana. Il proprietario è infatti un signore romano emigrato da molti anni in Inghilterra.

Figlio di un carabiniere, Alfiero Centamore da giovane faceva cappuccini in un bar di Roma, ma quel lavoro non lo soddisfaceva. Così un giorno si mette in viaggio per cercare migliori opportunità lontano dall'Italia. Appena arrivato in Gran Bretagna trova lavoro come cameriere in un albergo, di cui tredici anni più tardi diventa direttore. Ma l'ambizioso Alfiero non è ancora soddisfatto e decide perciò di tentare un altro salto di qualità, passando da dipendente a imprenditore. Prima apre un piccolo ristorante da ottanta posti, poi uno da centoventi, ed infine uno da trecento: il Cocotoo appunto. La sua città di origine gli è però sempre rimasta nel cuore e, un po' per ricordarla e un po' per celebrare il raggiungimento del successo, pensa di ricreare a Manchester uno di quei capolavori per cui Roma è giustamente definita «la città eterna». Moderno Giulio II, il papa che commissionò a Michelangelo gli affreschi della Cappella Sistina, Alfiero Centamore chiede ad un giovane e sconosciuto artista di coprire l'anonimo soffitto del tunnel che ospita il Cocotoo con le stesse potenti figure nate dalla fantasia del massimo artista del Rinascimento. Così oggi anche Manchester ha una sua Cappella Sistina.

L'autore degli affreschi del Cocotoo si chiama Michael Brown ed è figlio di un muratore originario di Trinidad e di una cameriera irlandese. Nato poco più di vent'anni fa nel Moss Side, uno dei quartieri con il maggior tasso di criminalità di Manchester, ha avuto un'infanzia difficile: suo padre se n'è andato di casa quando lui aveva quattro anni ed ha lasciato la famiglia in gravi ristrettezze economiche. Michael ha potuto dedicarsi alla pittura solo grazie all'interessamento di un insegnante di scuola che, intuendo le qualità del ragazzo, ha finanziato i suoi studi fino al conseguimento del diploma all'Accademia d'Arte.

Inutile dire che il giovane artista, quando Alfiero Centamore gli ha chiesto di affrescare il Cocotoo imitando Michelangelo, ha accettato la proposta con entusiasmo, anche se in cambio non avrebbe ricevuto soldi ma solo pasti gratis.

Michael Brown ha rispettato forme e colori dell'affresco originale ma ha ridotto le dimensioni delle figure del cinquanta per cento e le ha unite secondo la sua fantasia. Ai Profeti Geremia e Daniele, come spesso facevano gli artisti del Rinascimento, ha addirittura dato i volti dei suoi committenti, Alfiero Centamore e il suo socio Alan Bowyer.

rispondiamo sul testo

1. Qual è la particolarità del ristorante Cocotoo di Manchester?
2. Che cosa si mangia al Cocotoo?
3. Chi è il proprietario del ristorante?
4. Chi è Michael Brown?
5. E Alan Bowyer?

dizionario

andarsene: andare via
commissionare: affidare, ordinare
conseguimento: ottenimento, conquista
frequentare: visitare spesso
gratis: senza pagare
gustare: provare, assaggiare
imprenditore: chi esercita personalmente un'attività produttiva o commerciale
interessamento: aiuto, sostegno
muratore: lavoratore edile
ospitare: essere sede di
quartiere: settore di una città
raggiungimento: conquista
ristrettezza economica: povertà, miseria
succulento: gustoso, appetitoso
soffitto: parte superiore di una stanza, di un luogo chiuso
tasso: livello
tentare: rischiare

1. Alfiero Centamore è figlio di:
a. un pittore
b. una cameriera irlandese
c. un carabiniere

2. Il Moss Side è un quartiere di:
a. Trinidad
b. Londra
c. Manchester

3. Michael Brown ha avuto un'infanzia:
a. felice
b. difficile
c. tranquilla

4. Geremia era:
a. un papa
b. un muratore
c. un profeta

competenza linguistica

Completare il seguente paragrafo dell'articolo con il passato prossimo o l'imperfetto indicativo dei verbi in parentesi:

Alfiero Centamore da giovane (fare) .... cappuccini in un bar di Roma, ma quel lavoro non lo (soddisfare) .... Così un giorno (mettersi) .... in viaggio per cercare migliori opportunità lontano dall'Italia. Appena arrivato in Gran Bretagna (trovare) .... lavoro come cameriere in un albergo, di cui tredici anni più tardi (diventare) .... direttore. Ma l'ambizioso Alfiero non (essere) .... ancora soddisfatto e (decidere) .... perciò di tentare un altro salto di qualità, passando da dipendente a imprenditore. Prima (aprire) .... un piccolo ristorante da ottanta posti, poi uno da centoventi, ed infine uno da trecento: il Cocotoo appunto.

vero o falso?

v. f.

☐ ☐   1. La madre di Michael Brown ha abbandonato la famiglia quando lui aveva quattro anni.

☐ ☐   2. Michael Brown ha potuto studiare pittura grazie a suo padre.

☐ ☐   3. Giulio II è stato un papa del periodo rinascimentale.

☐ ☐   4. Le figure della Cappella Sistina di Manchester sono perfettamente uguali a quelle della vera Cappella Sistina.

riassumere il testo

LA PRIMA DONNA SUL PODIO DELLA SCALA

Alessandro Coppini, aprile 1995

Il 19 marzo 1995 è successo un fatto che entrerà sicuramente nella lunga storia della Scala di Milano. Per la prima volta dalla sua fondazione l'orchestra del più importante teatro lirico italiano è stata diretta da una donna in occasione di uno spettacolo ufficiale della stagione operistica. Questo onore è toccato alla francese Claire Gibault, che è salita sul podio del Teatro Lirico per dirigere La station thermale, un'opera del compositore contemporaneo Fabio Vacchi che, sempre diretta da Claire Gibault, era andata in scena con successo in prima assoluta qualche mese prima all'Opera di Lione. La station thermale trasporta ai giorni nostri la trama dei Bagni di Abano, un «dramma giocoso per musica» scritto da Carlo Goldoni per il carnevale di Venezia del 1753.

Claire Gibault, che è nata 47 anni fa a Le Mans, ha studiato al conservatorio della sua città ed ha diretto il suo primo concerto di musica da camera a 13 anni. Il passaggio dalle piccole alle grandi orchestre non è stato troppo difficile. «Ero così entusiasta - racconta - che i professori mi hanno sempre incoraggiata, indipendentemente dal mio sesso». Le difficoltà sono però arrivate alla fine degli studi. «I posti di direttore d'orchestra - dice - sono pochi e, quando io ho cominciato la mia carriera, i dirigenti dei teatri erano spesso persone anziane e piene di pregiudizi. Per molti di loro l'autoritarismo era una dote fondamentale di un buon direttore. E l'autoritarismo, nella loro mente, era una dote esclusivamente maschile. Per fortuna oggi ci sono amministratori con una mentalità più aperta». Ed è forse proprio a questo cambiamento, oltre che alle sue indubbie qualità, che Claire Gibault deve la sua recente nomina a responsabile dell'Atelier Lyrique dell'Opera di Lione. In precedenza era stata assistente di Claudio Abbado all'Opera di Vienna, al Covent Garden e anche alla Scala, dove aveva già avuto l'opportunità di dirigere più volte l'orchestra durante le prove di un Pelléas et Mélisande di qualche anno fa.

rispondiamo sul testo

1. Perché Claire Gibault entrerà nella storia della Scala di Milano?
2. Quale opera ha diretto al Teatro Lirico?
3. Secondo i vecchi dirigenti dei teatri qual era una dote fondamentale di un buon direttore d'orchestra?
4. Di chi è stata assistente Claire Gibault?

dizionario

andare in scena: essere rappresentato a teatro
conservatorio: istituto dove si insegna la musica
dirigente: direttore, persona che prende le decisioni
dote: qualità
giocoso: allegro, comico
indubbio: certo, evidente
nomina: designazione
prima: prima rappresentazione
responsabile: direttore, coordinatore
toccare: capitare, spettare
trama: soggetto di un'opera narrativa, teatrale o cinematografica
trasportare: spostare, trasferire

1. *La Station Thermale* è un'opera di:
a. Carlo Goldoni
b. Claudio Abbado
c. Fabio Vacchi

2. Claire Gibault è:
a. svizzera
b. francese
c. belga

3. Claire Gibault è stata nominata responsabile:
a. dell'Opera di Vienna
b. del Covent Garden
c. dell'Opera di Lione

4. Claire Gibault ha diretto il suo primo concerto:
a. a Milano
b. a tredici anni
c. il 19 marzo 1995

competenza linguistica

Trasformare le seguenti frasi dal singolare al plurale o viceversa:

1. Questo è il più importante teatro lirico italiano.
....

2. Alcuni importanti artisti hanno assistito agli spettacoli.
....

3. Ho ascoltato un'opera di un compositore contemporaneo.
....

4. Sono opere di indubbie qualità artistiche.
....

vero o falso?

v.   f.

☐ ☐   1. *La Station Thermale* è stata rappresentata per la prima volta al Teatro Lirico di Milano.

☐ ☐   2. *I Bagni di Abano* è stato scritto per il carnevale di Venezia.

☐ ☐   3. Claire Gibault ha studiato al conservatorio di Le Mans.

☐ ☐   4. Per Claire Gibault il passaggio dalle piccole alle grandi orchestre è stato molto difficile.

riassumere il testo

DONNA PRETE NELLA CITTA' DEL PAPA

Annalisa Rossi, dicembre 1996

Roma, 3 novembre 1996, tempio anglicano di San Paolo dentro le Mura: Cecilia Monge, un'ecuadoriana di Quito già nonna a 43 anni, viene ordinata sacerdote. Il figlio Santiago di 8 anni è entusiasta di vedere la mamma con i preziosi paramenti sacri, mentre tutta la famiglia si abbraccia felice nella foto ricordo di fronte all'altare: il marito Juan Erazo, anche lui sacerdote anglicano, la figlia Viviana di 23 anni, sposata con un missionario, l'altro figlio Aldo e i nipotini. La chiesa è piena di gente. In prima fila siede l'ambasciatrice di Sua Maestà britannica, Maureen MacGlashan, e l'atmosfera è gioiosa come in una festa di primavera. Il rito è simile a quello cattolico: distesa di fronte all'altare, con la testa appoggiata sul primo gradino, Cecilia prega e ascolta le benedizioni del vescovo episcopale. Il suo volto rotondo ispira tranquillità. Lo sguardo è quello delle donne del terzo mondo che hanno visto disperazione e miseria. Poco distante, in San Pietro, Giovanni Paolo II celebra i suoi cinquant'anni di sacerdozio e dice no per la terza volta alle donne prete.

Dal 1992 la Chiesa anglicana, che conta circa 80 milioni di fedeli in tutto il mondo, ha deciso di ammettere le donne al sacerdozio. Le prime sono state ordinate due anni dopo in Inghilterra e adesso è arrivato anche il turno dell'Italia.

La comunità anglicana di Roma non ha voluto pubblicizzare troppo la cerimonia. Il canonico Bruce Ruddock, che cura i rapporti diplomatici con il Vaticano, ha informato il papa e ha dichiarato che la sua reazione è stata moderata, perché «il Vaticano non vuole dare l'impressione di essere padrone di Roma: in questa città ci sono molti cristiani di diverse confessioni».

In Italia la reverenda Cecilia Monge si è occupata per cinque anni degli emigrati latino-americani: andava nelle carceri e negli ospedali a confortarli. Poi un giorno ha capito che doveva fare di più. «Ho sentito chiaramente il Signore che mi diceva: sii mia sacerdote. Allora ho chiesto l'ordinazione» racconta. Adesso continuerà ad aiutare chi lotta, ma nello stesso tempo manderà il suo messaggio di pacificazione dall'altare della sua chiesa: «Siamo tutti figli di Dio, c'è un solo Dio, una sola fede e una sola Chiesa».

rispondiamo sul testo

1. Perché Cecilia Monge ha ricevuto tanta attenzione?
2. Come si svolge la cerimonia per l'ordinazione di un sacerdote anglicano?
3. Quante sono le persone di religione anglicana nel mondo?
4. Che cosa faceva Cecilia Monge prima del 3 novembre 1996?

dizionario

curare: occuparsi di
distendersi: sdraiarsi, allungarsi
gradino: scalino
lottare: combattere
ordinare: consacrare
paramenti: abiti, ornamenti
sacerdote: prete
sacerdozio: vita religiosa

1. Cecilia Monge ha:
a. due figli
b. due figlie
c. due figli e una figlia

2. Cecilia Monge è di nazionalità:
a. britannica
b. ecuadoriana
c. portoricana

3. Cecilia Monge vive a:
a. Roma
b. Quito
c. Santiago

4. Bruce Ruddock è:
a. l'ambasciatore inglese
b. un canonico anglicano
c. il marito di Cecilia Monge

— competenza linguistica —

Completare il seguente paragrafo dell'articolo con il passato prossimo o l'imperfetto indicativo dei verbi in parentesi:

In Italia la reverenda Cecilia Monge (occuparsi) ....
per cinque anni degli emigrati latino-americani: (andare) .... nelle carceri e negli ospedali a confortarli.
Poi un giorno (capire) .... che (dovere) ....
fare di più. «(Sentire) .... chiaramente il
Signore che mi (dire) ....: sii mia sacerdote.
Allora (chiedere) .... l'ordinazione».

110

— vero o falso? —

v.	f.	
☐	☐	1. Anche Juan Erazo, il marito di Cecilia Monge, è un sacerdote anglicano.
☐	☐	2. Juan Erazo e Cecilia Monge non hanno nipoti.
☐	☐	3. Giovanni Paolo II ha intenzione di introdurre presto il sacerdozio femminile anche nella Chiesa cattolica.
☐	☐	4. Cecilia Monge è stata ordinata sacerdote nella basilica di San Pietro.

— riassumere il testo —

DALL'ALASKA ALLA TERRA DEL FUOCO

Alessandro Coppini, novembre 1996

Per qualcuno l'avventura è esplorare il Polo Nord a piedi, per qualche altro è lanciarsi con il paracadute da altissime quote, per altri ancora è immergersi nella profondità degli abissi marini. Invece per Giorgio Bettinelli, musicista lombardo di 39 anni, è più semplicemente... andare in Vespa.

Nel suo caso, è ovvio, non si tratta della quotidiana avventura di molti di noi che cerchiamo di combattere il traffico sempre più caotico delle grandi città usando un ciclomotore. Bettinelli, in Vespa, attraversa i continenti da un angolo all'altro! Nel suo ultimo viaggio ha infatti percorso più di 36mila chilometri, raggiungendo dall'Alaska la Terra del Fuoco e «conquistando» così le due Americhe, del Nord e del Sud. In sella a una comune Vespa 150 ha superato 18 frontiere, passando dalle incontaminate nevi canadesi (con temperature anche di 20 gradi sotto zero) alle inquinate metropoli degli Stati Uniti, dagli assolati e soffocanti deserti messicani alla lussureggiante foresta amazzonica. In Canada, nella tappa più lunga di questo viaggio, ha guidato ininterrottamente per venti ore percorrendo circa 800 chilometri. Ma il tratto più stressante è stato quello da Caracas a Quito: 3500 chilometri in una settimana, con una media quindi di 500 chilometri al giorno. Naturalmente l'impresa del musicista che «ama vivere pericolosamente» (secondo una sua autodefinizione) è servita anche per fare pubblicità alla Piaggio, l'industria produttrice della Vespa, che ha contattato preventivamente tutti i suoi rivenditori americani perché festeggiassero in maniera calorosa l'arrivo in zona dell'intrepido viaggiatore. «Ma ho ricevuto un'accoglienza entusiasta - tiene a precisare Bettinelli - anche da parte dei numerosi club di vespisti statunitensi. Quindici membri di un club californiano mi hanno addirittura scortato da Los Angeles a San Diego».

Comunque non tutte le sue esperienze sono state positive. La più spiacevole si è verificata in Paraguay, dove Bettinelli è stato picchiato duramente da un gruppo di militari perché non si era fermato ad uno dei tanti posti di blocco.

Deve invece ringraziare il cielo che la sua Vespa abbia sempre funzionato perfettamente, senza nessun problema. «Prima di partire – confessa - i tecnici della Piaggio hanno provato a spiegarmi le più elementari regole di manutenzione, ma è stato tutto inutile: io di motori continuo a non capirci niente. Per fortuna nel corso del viaggio ho dovuto cambiare solo una candela».

La traversata delle Americhe è la seconda impresa di questo tipo effettuata da Bettinelli. Due anni fa era andato da Roma a Saigon, quella volta con una Vespa 125, e tra breve tenterà di raggiungere Città del Capo partendo da Pechino: 44mila chilometri, di cui buona parte in Africa, il continente più duro da attraversare su due ruote. Intanto, non dimenticando di essere un musicista, ha finito di registrare un CD con le canzoni che ha composto durante il viaggio americano. «E' una sorta di sommario etnomusicale delle regioni in cui sono passato: dal Country californiano al Mariachi messicano, dal Merengue caraibico al Tango argentino» spiega Bettinelli, soddisfatto della sua vita fatta di Vespa e musica.

rispondiamo sul testo

1. Quanti chilometri ha percorso Bettinelli nel suo ultimo viaggio?
2. Quale mezzo di trasporto ha usato?
3. Qual è stata l'esperienza più spiacevole che ha avuto?
4. Qual è l'altra grande passione di Giorgio Bettinelli?

dizionario

assolato: esposto al sole
caloroso: festoso, fervido
festeggiare: celebrare
manutenzione: operazioni per la conservazione
percorrere: fare un certo tragitto, una certa strada
picchiare: colpire, dare botte
precisare: specificare, chiarire
sella: sedile di bicicletta o motocicletta
tentare: provare a, cercare di
tratto: parte, sezione
traversata: passaggio, attraversamento
verificarsi: succedere, accadere

1. Le nevi canadesi sono:
a. inquinate
b. incontaminate
c. assolate

2. La foresta amazzonica è:
a. deserta
b. lussureggiante
c. calorosa

3. Giorgio Bettinelli è un viaggiatore:
a. intrepido
b. soffocante
c. etnomusicale

4. Il viaggio da Caracas a Quito è stato:
a. entusiasta
b. positivo
c. stressante

competenza linguistica

**Completare il seguente paragrafo dell'articolo
con le preposizioni mancanti
(semplici o articolate):**

La traversata .... Americhe è la seconda impresa .... questo tipo effettuata .... Bettinelli. Due anni fa era andato .... Roma ...... Saigon, quella volta .... una Vespa 125, e ...... breve tenterà ...... raggiungere Città ...... Capo partendo ...... Pechino: 44mila chilometri, ... cui buona parte ...... Africa, il continente più duro ...... attraversare .... due ruote. Intanto, non dimenticando .... essere un musicista, ha finito .... registrare un CD .... le canzoni che ha composto durante il viaggio americano.

vero o falso?

v.   f.

☐ ☐   1. Nel suo viaggio attraverso l'America Bettinelli ha superato venti frontiere.

☐ ☐   2. La tappa più lunga del suo viaggio è stata in Canada ed è durata venti ore.

☐ ☐   3. Bettinelli ha ricevuto un'accoglienza entusiasta da parte dei numerosi club di vespisti messicani.

☐ ☐   4. Giorgio Bettinelli è un esperto di motori.

riassumere il testo

società

Parte V

I LETTORI PIU' PIGRI

Alessandro Coppini, ottobre 1998

Gli adolescenti italiani sono lettori molto più pigri dei loro coetanei francesi, spagnoli, portoghesi e lussemburghesi. Lo dice «I liceali d'Europa e la lettura», un'indagine finanziata dal comitato del Premio Grinzane Cavour, con il contributo della Comunità Europea, ed effettuata tra i giovani di Parigi, Madrid, Lisbona, Città del Lussemburgo e Roma.

Secondo questa indagine in Italia legge libri solo l'84% degli studenti (mentre negli altri quattro Paesi europei di lingua neolatina la media varia tra il 90 e il 96%) ed appena il 7% prende in mano più di due libri in un mese. Il numero dei ragazzi che ama la lettura è di molto inferiore a quello delle ragazze, che dicono di leggere libri frequentemente nel 51% dei casi contro il 25% dei coetanei maschi.

Ai nostri lettori adolescenti piace soprattutto la narrativa, con una particolare preferenza per gli autori stranieri del secolo scorso, mentre dimostrano poco interesse per il teatro, la poesia, la scienza e, fatto abbastanza curioso, la fantascienza. Per comprare un libro hanno l'abitudine di andare in libreria o all'edicola, che preferiscono a supermercati e grandi magazzini.

I liceali italiani, poi, frequentano raramente le biblioteche: solo il 42% ci entra almeno una volta ogni tre mesi (mentre i più assidui sono gli spagnoli con il 73%).

Secondo i giovani intervistati la colpa principale di questo disamore per i libri è della scuola, che accusano di trasformare la lettura in un dovere. Per modificare questa situazione propongono di finanziare campagne di lettura con i fondi della Comunità Europea, di integrare in modo diverso la lettura nei programmi didattici, anche invitando gli autori nelle scuole, e soprattutto di abbassare il prezzo dei libri.

rispondiamo sul testo

1. In quali Paesi è stata effettuata l'indagine sui liceali e la lettura?
2. Quali autori preferiscono gli adolescenti italiani?
3. Secondo gli intervistati chi è il principale colpevole del disamore dei giovani per i libri?
4. Quali idee propongono per incrementare la lettura?

dizionario

adolescente: ragazzo/a tra i 13 e i 18 anni
pigro: indolente, che non ama muoversi
coetaneo: che ha la stessa età
narrativa: genere letterario che comprende romanzi e racconti (letteratura di finzione)
edicola: chiosco per la vendita di giornali
assiduo: costante, frequente
disamore: disinteresse, indifferenza

scelta multipla

1. Ai nostri lettori adolescenti piace poco:
a. la narrativa
b. la fantascienza
c. la storia

2. La maggior parte di loro compra i libri:
a. al supermercato
b. ai grandi magazzini
c. in edicola

3. I liceali italiani frequentano le biblioteche:
a. più degli spagnoli
b. come gli spagnoli
c. meno degli spagnoli

4. Secondo gli intervistati i libri costano:
a. il prezzo giusto
b. troppo
c. poco

competenza linguistica

Rispondere alle seguenti domande usando il pronome appropriato:

1. Gli adolescenti italiani amano la poesia? No, non .... amano.

2. I liceali italiani frequentano spesso le biblioteche? No, non .... frequentano quasi mai.

3. Madrid è la capitale della Spagna? Sì, ... è.

4. I giovani accusano la scuola di trasformare la lettura in un dovere? Sì, ... accusano.

5. I grandi magazzini vendono libri? Sì, ... vendono.

vero o falso?

v. f.

☐ ☐   1. L'Italia, la Francia, il Portogallo, il Lussemburgo e la Germania sono Paesi in cui si parla una lingua neolatina.

☐ ☐   2. Le ragazze italiane leggono di più dei loro coetanei maschi.

☐ ☐   3. Generalmente i giovani non comprano mai libri all'edicola.

☐ ☐   4. Circa il 20% degli studenti italiani legge più di due libri in un mese.

riassumere il testo

LA NUOVA MOGLIE IDEALE

Alessandro Coppini, marzo 1999

Lo stereotipo della brava moglie «tutta casa e chiesa» non è più di moda. Oggi, secondo la maggioranza degli italiani, la moglie «ideale» è l'opposto: deve essere indipendente dal marito e lavorare fuori casa. Marito e moglie dovrebbero quindi avere un ruolo paritario e prendere insieme tutte le decisioni sulla gestione familiare: dalla scelta dei luoghi di vacanza a quella degli amici, dai modi di investimento del denaro all'impiego dei risparmi. Parità anche nei lavori domestici, che dovrebbero essere equamente divisi tra marito e moglie, perché il vecchio alibi di una presunta incapacità maschile ad effettuarli non convince più nessuno, neppure gli uomini. Resta invece ancora una prerogativa maschile quella della scelta dell'auto, e femminile quella delle spese per la casa.

Questo ideale modello di parità entra però in crisi con l'arrivo dei figli. Secondo la maggioranza degli italiani quando nasce un figlio è giusto che sia la donna a ridurre il proprio tempo di lavoro per occuparsi dell'organizzazione familiare. In questo caso la soluzione ottimale sarebbe quella del lavoro part-time. Però, in situazioni di difficoltà o nell'impossibilità di ottenerlo, prevale l'idea della rinuncia totale al lavoro da parte della neo-mamma.

Per quanto riguarda le unioni di coppia, gli italiani risultano estremamente tradizionalisti: la quasi totalità preferisce il matrimonio alla convivenza. La convivenza è giudicata positiva come periodo di rodaggio prima del matrimonio ma non come alternativa.

117

rispondiamo sul testo

1. Come deve essere per gli italiani la nuova moglie ideale?
2. Com'era la moglie ideale secondo il vecchio stereotipo?
3. Quando entra in crisi l'ideale modello di parità tra marito e moglie?
4. Chi, secondo gli italiani, deve rinunciare al lavoro quando nasce un figlio?

dizionario

convivenza: vita in comune, coabitazione
effettuare: fare, eseguire
equamente: ugualmente, giustamente
gestione: conduzione, organizzazione
risparmi: denaro messo da parte per il futuro
rodaggio: prova, aggiustamento

1. In famiglia bisogna comprare una nuova auto. Chi la sceglie?
a. La moglie
b. Il marito
c. Marito e moglie insieme

2. Per la donna il lavoro part-time è la soluzione migliore:
a. nei primi anni di matrimonio
b. sempre
c. dopo la nascita di un figlio

3. Gli italiani preferiscono:
a. il matrimonio
b. il divorzio
c. la convivenza

4. Nella coppia moderna i lavori di casa sono un compito:
a. del marito
b. della moglie
c. di marito e moglie insieme

competenza linguistica

Mettere l'articolo indeterminativo davanti alle seguenti parole:

1. .... casa
2. .... vacanza
3. .... amico
4. .... auto
5. .... figlio
6. .... matrimonio
7. .... coppia
8. .... idea
9. .... alibi
10. .... stereotipo

vero o falso?

v.   f.

☐ ☐   1. Secondo gli italiani la moglie ideale non deve lavorare.

☐ ☐   2. Marito e moglie scelgono insieme il luogo dove andare in vacanza.

☐ ☐   3. Anche oggi tutti sono d'accordo sull'incapacità degli uomini a fare i lavori domestici.

☐ ☐   4. E' quasi sempre la moglie che si occupa delle spese per la casa.

riassumere il testo

I PIÙ AMATI SONO I CARABINIERI

Alessandro Coppini, febbraio 1999

Gli italiani hanno molta fiducia nei Carabinieri e nella Polizia, pochissima nel Governo e nel Parlamento, molto meno che in passato nella Magistratura. Questi giudizi sulle istituzioni del nostro Paese arrivano da un'indagine della Doxa, che ha sondato un campione significativo di 1.000 persone. Al vertice della classifica trova posto l'Arma dei Carabinieri, che ottiene la fiducia di ben l'82% della popolazione, seguita dalla Polizia di Stato con il 74%. E' significativo notare che sono ambedue istituzioni «apolitiche», mentre gli ultimi posti (il nono e il decimo) sono occupati proprio dalle due istituzioni «politiche» per eccellenza, il Governo (29%) e il Parlamento (28%), con una sensibile diminuzione rispetto ad un analogo sondaggio Doxa del 1996, in cui avevano ottenuto rispettivamente il 45% e il 47%. Nel mezzo si piazzano la Guardia di Finanza (69%), la Scuola, l'Università (ambedue al 66%) e le Forze Armate (61%), che risalgono un po' tutte e quattro nella considerazione degli italiani in confronto a due anni fa. C'è invece una vera e propria inversione di tendenza, rispetto alla fiducia ottenuta negli anni scorsi, per Giustizia e Magistratura, per cui prevalgono i giudizi negativi, (56%) su quelli positivi (43%): nel 1993 i sì erano stati il 61% e i no il 36%.

Un altro sondaggio Doxa si occupa invece della Sanità. Molto bene si classificano i medici di famiglia, stimati da 82 italiani su cento. Quasi altrettanto buono è il giudizio sui laboratori di analisi, con un 76% di valutazioni positive, e sempre favorevole - ma con qualche critica in più - è l'apprezzamento per la distribuzione dei medicinali. Mediocre invece è il giudizio sugli ambulatori specialistici (53% positivi ma 39% negativi) e sul servizio degli ospedali pubblici, che ha avuto negli ultimi anni risultati variabili ma sempre negativi: per metà degli italiani funzionano male o abbastanza male, per il 48% bene o abbastanza bene, e un 2% non sa rispondere. I giudizi negativi, sia sugli ospedali sia sugli ambulatori specialistici, sono concentrati prevalentemente nel Sud Italia.

119

rispondiamo sul testo

1. Quali sono le istituzioni del nostro Paese in cui gli italiani hanno meno fiducia?
2. Gli italiani stimano di più la Scuola o le Forze Armate?
3. Tra il 1993 e il 1999 il giudizio su Giustizia e Magistratura è migliorato o peggiorato?
4. I Carabinieri sono un'istituzione civile o militare?

dizionario

al vertice: in cima, sul punto più alto
ambedue: tutti/e e due
ambulatorio: studio medico
Guardia di Finanza: polizia tributaria
Magistratura: il complesso degli organi giudiziari (giudici, pubblici ministeri ecc.)
risalire: salire di nuovo, rimontare
Sanità: organismo che si occupa della salute pubblica
sondare: chiedere l'opinione
stimato: apprezzato, rispettato

1. Il giudizio degli italiani sugli ambulatori specialistici è:
a. ottimo
b. pessimo
c. mediocre

2. Per la metà degli italiani gli ospedali pubblici funzionano:
a. abbastanza male
b. abbastanza bene
c. malissimo

3. I giudizi negativi su ospedali e ambulatori specialistici sono di più nel:
a. Sud Italia
b. Centro Italia
c. Nord Italia

4. Gli italiani hanno grande fiducia nei:
a. medicinali
b. medici di famiglia
c. medici ospedalieri

competenza linguistica

Trasformare le seguenti espressioni dal plurale al singolare:

1. Dei campioni significativi
....

2. Delle istituzioni apolitiche
....

3. Delle sensibili diminuzioni
....

4. Degli analoghi sondaggi
....

5. Dei giudizi negativi
....

6. Delle valutazioni positive
....

7. Degli ambulatori specialistici
....

vero o falso?

v.   f.

□   □   1. Il Governo è stimato meno del Parlamento.
□   □   2. La Guardia di Finanza è stimata più della Scuola.
□   □   3. La Polizia di Stato è al centro della classifica.
□   □   4. Gli italiani apprezzano la distribuzione dei medicinali.

riassumere il testo

UN POPOLO DI ANSIOSI

Alessandro Coppini, ottobre 1995

Dall'analisi dei dati di vendita delle case farmaceutiche si arriva alla conclusione che gli italiani sono un popolo di ansiosi. Il medicinale più diffuso in Italia, con circa 22 milioni e mezzo di scatole vendute, è infatti il Tavor, classificato nella nostra farmacopea come ansiolitico-ipnotico. Anche se il consumo di questo prodotto risulta in forte diminuzione rispetto al passato, il Tavor continua ad occupare la prima posizione con un distacco enorme da tutti gli altri medicinali: il numero di scatole vendute è quasi il doppio di quello del più diretto inseguitore, l'antiflogistico Voltaren (13 milioni e 700mila pezzi).

Nel nostro Paese l'uso di medicinali a base di benzodiazepine (come il Tavor) è molto comune per la cura dell'ansia e dell'insonnia. Forse troppo. Per capire l'ampiezza del fenomeno basta confrontare i dati italiani con quelli della Gran Bretagna, che ha un servizio sanitario e una farmacopea molto simili ai nostri. Ebbene, mentre in Gran Bretagna non c'è neanche un ansiolitico tra i cinquanta medicinali più diffusi, in Italia ce ne sono addirittura tre nei primi quindici (oltre al Tavor, il Lexotan al nono posto e l'Halcion al dodicesimo). In totale il consumo di preparati a base di benzodiazepine è di circa 50 milioni di confezioni in un anno, per una spesa molto vicina ai 150 miliardi di lire (75 milioni di euro).

Ma il «caso Tavor» non è l'unica anomalia italiana in campo farmaceutico. Da noi il consumo di medicinali contro l'ulcera è più che doppio rispetto alla Gran Bretagna. Gli italiani si comportano con questo tipo di prodotti come con gli ansiolitici: li prendono anche per leggeri disturbi (come la cattiva digestione o l'acidità di stomaco) che non hanno nessun rapporto con l'ulcera vera e propria.

rispondiamo sul testo

1. Che tipo di farmaci sono il Tavor, il Lexotan e l'Halcion?
2. Perché possiamo definire gli italiani un popolo di ansiosi?
3. Confrontando il consumo di medicinali fra Italia e Gran Bretagna, quale risulta la differenza più evidente?
4. Gli italiani consumano medicinali contro l'ulcera solo in presenza di questa patologia?

dizionario

ampiezza: grandezza, vastità
casa farmaceutica: industria che produce medicine
comportarsi: agire in un certo modo
confezione: scatola
distacco: distanza, vantaggio
farmacopea: registro dello Stato con i nomi di tutte le medicine in uso
inseguitore: che è subito dopo
occupare: conquistare
rispetto a: in relazione a, in confronto a

1. Il Tavor è un:
a. antinfiammatorio
b. ansiolitico
c. antipiretico

2. La Gran Bretagna ha un servizio sanitario:
a. simile a quello italiano
b. differente da quello italiano
c. uguale a quello francese

3. Tra i farmaci più venduti in Italia l'Halcion occupa il:
a. secondo posto
b. nono posto
c. dodicesimo posto

4. Rispetto al passato la vendita di Tavor è:
a. in aumento
b. in diminuzione
c. costante

competenza linguistica

Completare il seguente paragrafo dell'articolo con le preposizioni semplici mancanti:

Nel nostro Paese l'uso .... medicinali .... base .... benzodiazepine è molto comune .... la cura dell'ansia e dell'insonnia. Forse troppo. .... capire l'ampiezza del fenomeno basta confrontare i dati italiani .... quelli della Gran Bretagna, che ha un servizio sanitario e una farmacopea molto simili ai nostri. Ebbene, mentre .... Gran Bretagna non c'è neanche un ansiolitico .... i cinquanta medicinali più diffusi, ... Italia ce ne sono addirittura tre nei primi quindici. .... totale il consumo .... preparati a base .... benzodiazepine è .... circa 50 milioni .... confezioni .... un anno, ... una spesa molto vicina ai 150 miliardi .... lire (75 milioni .... euro).

spunti per la conversazione

1. Secondo voi l'uso dei medicinali è sempre giustificato?
2. Com'è il servizio sanitario nel vostro Paese?
3. Perché il consumo di ansiolitici è in forte aumento?
4. Che cosa pensate delle medicine alternative (omeopatia, agopuntura ecc.)?

riassumere il testo

IL NUOVO BAMBINO

Margherita Sanò, ottobre 1996

E' nato il «nuovo bambino». Almeno così risulta da un'approfondita ricerca del Centro Studi Prenatal che, sotto la direzione del professor Gustavo Pietropolli Charmet, docente di Psicologia Dinamica all'Università di Milano, ha intervistato 60mila bambini dai 6 agli 11 anni, 11mila insegnanti elementari e 4.500 direttori didattici.

I risultati di questa ricerca sono abbastanza sorprendenti e cancellano molti luoghi comuni. Si scopre infatti che sono moltissimi i ragazzini che si annoiano a morte con i nonni («perché sono lenti, non corrono, non conoscono le regole dei giochi, parlano sempre di quando erano piccoli o guardano la televisione»), che detestano i vari corsi di danza, di ginnastica, d'inglese o di musica che spesso il padre o la madre li obbligano a frequentare, che odiano stare soli e amano invece andare a scuola (in particolare le bambine intorno ai 10 anni «perché lì si fanno amicizie»). E dopo la scuola? Al 35% piace andare a giocare fuori con altri bambini o invitare a casa qualche amichetto. Per il 48% dei maschi la felicità sarebbe vivere «in un paese in cui i genitori lasciano giocare liberi e fuori casa», per il 48% delle bambine invece «in un paese dove i genitori si divertono a giocare con i figli». Incredibilmente, poi, i nostri bambini dicono in percentuale elevata di non amare la televisione. Anche la Tv, infatti, è per molti di loro sinonimo di solitudine, di separazione dagli altri. Un po' contraddittoriamente, però, sognano di apparire sul piccolo schermo, in modo da diventare famosi e apprezzati da tutti (soprattutto i maschi). Sempre vivo, invece, nell'immaginario delle bambine è il desiderio di sposarsi, anche se hanno solo 6 anni e anche se nei loro progetti futuri i mariti dovrebbero essere due, o uno solo da condividere con la migliore amica. «La novità è considerevole - avvertono gli studiosi - perché le femmine non sognano banalmente di sposare il papà, come insegna la psicanalisi, ma di stare per sempre con uno o due compagni. E' un desiderio che esprime il bisogno di allontanare quanto più possibile la solitudine».

Nuovo o no, il bambino attuale invia messaggi ben precisi: sente la mancanza di spazi aperti e giudica insufficiente il tempo che gli adulti gli dedicano. «Quando la mamma gioca con me - dice uno di loro - deve giocare per davvero. Se non si diverte lo vedo e neanche io mi diverto».

123

rispondiamo sul testo

1. Chi è Gustavo Pietropolli Charmet?
2. Perché molti ragazzini si annoiano con i nonni?
3. Che cosa pensano i nostri bambini della televisione?
4. Qual è la cosa di cui hanno più paura i bambini italiani?

dizionario

annoiarsi a morte: annoiarsi terribilmente, in maniera estrema
approfondita: profonda, non superficiale
cancellare: eliminare, rimuovere
condividere: avere in comune, dividere con
contraddittoriamente: in contraddizione, incoerentemente
dedicare: offrire, riservare
direttore didattico: preside, insegnante che dirige una scuola
docente: professore di università
inviare: mandare, trasmettere
mancanza: insufficienza, assenza
obbligare: costringere, forzare a
odiare: l'opposto di amare, detestare
per davvero: veramente, realmente
piccolo schermo: la televisione, lo schermo televisivo
scoprire: rivelare, mostrare
soprattutto: specialmente, principalmente

1. La ricerca sul «nuovo bambino» è stata finanziata:
a. dall'Università di Milano
b. dal Centro Studi Prenatal
c. dagli insegnanti elementari

2. Moltissimi ragazzini detestano:
a. fare amicizia
b. i corsi di musica
c. giocare con i genitori

3. Soprattutto i maschi sognano di:
a. apparire sul piccolo schermo
b. sposarsi due volte
c. di sposare la loro migliore amica

4. La maggior parte dei bambini ama:
a. studiare l'inglese
b. la solitudine
c. andare a scuola

competenza linguistica

Completare le seguenti frasi con il presente indicativo del verbo piacere:

1. Al professor Pietropolli Charmet .... fare ricerca.

2. I giochi all'aria aperta .... a tutti i ragazzini.

3. I ricordi dei nonni .... ai nostri bambini.

4. La televisione .... a tutti i bambini.

5. La scuola .... perché permette di fare amicizie.

6. I luoghi comuni non .... agli insegnanti elementari.

spunti per la conversazione

1. Che cosa vi piaceva fare nel tempo libero quando eravate bambini?
2. Che rapporto avevate con i vostri genitori?
3. Secondo voi i bambini guardano troppo la televisione?
4. Quali sono i ricordi più belli della vostra infanzia?
5. Quali sono – se ci sono – le differenze tra i bambini di oggi e quelli di dieci o venti anni fa?

riassumere il testo

IL NUOVO CODICE DELLA STRADA

Alessandro Coppini, febbraio 2002

Dal primo gennaio del prossimo anno le abitudini degli italiani che usano macchine e motorini cambieranno di molto. Per questa data, infatti, è prevista l'entrata in vigore delle numerose modifiche al Codice della strada che il Consiglio dei ministri ha appena approvato. I cambiamenti riguardano i limiti di velocità, le punizioni per le infrazioni più gravi, il trasporto dei passeggeri sui motorini, la patente di guida per i minorenni ed altro ancora. Ma andiamo con ordine e guardiamo più da vicino gli aspetti più rilevanti della riforma.

Il punto più controverso riguarda l'elevazione del limite di velocità sulle autostrade a 150 chilometri orari. Il nuovo Codice, in generale, conferma come limite massimo quello attuale di 130, ma offre anche la possibilità alle compagnie che gestiscono le varie autostrade di aumentarlo fino a 150, esclusivamente però nei tratti a tre corsie senza curve e solo quando le condizioni meteorologiche e di traffico lo permettono.

Il punto più interessante, e veramente innovativo, riguarda invece la nascita della patente «a punti» per gli automobilisti, che in pratica funzionerà così: ogni cittadino riceverà, dopo aver superato il consueto esame di guida, una patente con un bonus di 20 punti, che diminuiranno gradualmente ogni volta che commetterà un'infrazione rilevante al Codice della strada. Più grave sarà l'infrazione, più punti perderà. Ecco alcuni esempi: chi non espone il triangolo per segnalare una sosta forzata (per incidente o guasto meccanico) perderà un punto sulla patente, due chi guida senza la cintura di sicurezza, tre chi parla al cellulare con l'auto in movimento; ne perderà invece quattro chi passa con il semaforo rosso e dieci (più il ritiro temporaneo della patente) chi procede contromano in curva, chi fa inversione di marcia in autostrada, chi supera di oltre 40 chilometri il limite di velocità. Una volta esauriti i 20 punti, l'automobilista sarà obbligato a fare un nuovo esame di guida entro trenta giorni, altrimenti la patente gli sarà ritirata definitivamente.

Sono molte le novità anche per quando riguarda le due ruote. Oggi i ragazzi tra i 14 e i 18 anni che vogliono usare un motorino non hanno nessun obbligo da rispettare, mentre tra un anno dovranno frequentare un regolare corso di guida e, alla fine, riceveranno un patentino del tutto simile a quello necessario per guidare moto più potenti o auto. Oggi su un motorino può viaggiare solo una persona, mentre dal prossimo primo gennaio il guidatore, se è maggiorenne e se il motorino è omologato, potrà portare con sé anche un passeggero. Moto e motorini, infine, dovranno tenere sempre le luci accese, sia di giorno che di notte. Un obbligo che per le auto sarà valido solo in autostrada.

rispondiamo sul testo

1. Quali sono le principali modifiche del nuovo Codice della strada rispetto al vecchio?
2. Qual è il limite di velocità sulle autostrade italiane?
3. Come funziona la patente a punti?
4. Per quali infrazioni si perdono più punti?

dizionario

altrimenti: diversamente, nel caso contrario
Codice della strada: raccolta delle leggi che regolano la circolazione dei veicoli
consueto: solito, normale
contromano: in direzione opposta a quella normale per il traffico stradale
corsia: ognuna delle zone longitudinali in cui è divisa una strada
entrare in vigore: si dice per indicare il momento in cui una nuova legge deve cominciare ad essere applicata
guasto: rottura, avaria
infrazione: violazione, trasgressione
inversione di marcia: cambiamento di direzione in senso opposto al precedente
maggiorenne: chi ha più di 18 anni
minorenne: chi ha meno di 18 anni
patente di guida: documento necessario per guidare, licenza di guida
ritiro: annullamento, revoca
sosta: breve fermata
tratto: parte, sezione

1. L'esame di guida serve per ottenere:
a. un bonus di 20 punti
b. la patente
c. la possibilità di guidare in autostrada

2. Per segnalare una sosta forzata si usa il:
a. quadrato
b. cubo
c. triangolo

3. Quando l'auto è in movimento il guidatore non deve parlare:
a. al cellulare
b. ai passeggeri
c. al conducente

4. I motorini devono sempre tenere:
a. le luci spente
b. i semafori accesi
c. le luci accese

competenza linguistica

Completare il seguente paragrafo dell'articolo con il futuro dei verbi in parentesi:

La patente «a punti» per gli automobilisti (funzionare) .... così: ogni cittadino (ricevere) ...., dopo aver superato il consueto esame di guida, una patente con un bonus di 20 punti che (diminuire) .... gradualmente ogni volta che (commettere) .... un'infrazione rilevante al Codice della strada. Più grave (essere) .... l'infrazione, più punti (perdere)

vero o falso?

v.	f.	
☐	☐	1. Fino a qualche tempo fa i minorenni potevano guidare un motorino senza patente.
☐	☐	2. In Italia non è obbligatorio guidare indossando le cinture di sicurezza.
☐	☐	3. Chi passa con il semaforo rosso perde 2 punti.
☐	☐	4. Chi fa inversione di marcia in autostrada ne perde invece 10.

riassumere il testo

DODICI DIVORZI OGNI CENTO MATRIMONI

Alessandro Coppini, dicembre 2001

Anche in Italia, come nel resto dei Paesi dell'Occidente, i divorzi sono in forte aumento. Tra il 1980 e il 1999 il numero di matrimoni falliti è più che raddoppiato: nel 1980 si erano registrati poco meno di 12mila divorzi, mentre venti anni dopo erano saliti a quasi 28mila; oggi ci sono dodici divorzi ogni cento matrimoni, contro i quattro di due decenni fa.

A dire basta sono soprattutto le donne. Esaminando le domande di divorzio, infatti, si scopre che nel 70% dei casi sono proprio le mogli a prendere questo tipo di decisione, con una risolutezza che è aumentata di pari passo con la crescita dell'occupazione femminile.

Le coppie che «crollano» con maggiore facilità sono soprattutto quelle formate da persone che si sono sposate da giovani (a meno di 24 anni) e che non hanno figli. Con l'aumentare dell'età, invece, c'è una forte riduzione del rischio di rottura. La coppia più resistente è quella in cui, al momento del sì, la donna ha un'età compresa tra i 30 e i 34 anni e l'uomo tra i 40 e i 44. Più solidi risultano poi i matrimoni in cui il marito ha un'età non troppo superiore a quella della moglie.

Oltre il 90% dei divorziati è nato nella stessa regione o nella stessa zona, in aperta contraddizione con il detto popolare che dice «moglie e buoi dei paesi tuoi».

La maggior parte dei divorzi è consensuale, anche a causa di durata e costi. Infatti per la separazione amichevole la procedura è meno cara e più veloce (se si sceglie il rito del contenzioso i tempi si allungano in media di sei o sette volte).

Per concludere vogliamo segnalare che in Italia i figli dei divorziati restano quasi sempre con la madre. Finora soltanto il 6% dei bambini è stato affidato al padre.

127

---

dizionario

affidare: consegnare alla custodia, assegnare
consensuale: di comune accordo
contenzioso: controversia giuridica
crollare: cadere in modo rapido e violento
decennio: periodo di dieci anni
detto: modo di dire
di pari passo: contemporaneamente
fallito: non riuscito
risolutezza: determinazione, decisione
rito: procedura, sistema
rottura: divisone, interruzione di un rapporto
soprattutto: specialmente, principalmente

---

rispondiamo sul testo

1. Negli ultimi vent'anni i divorzi in Italia sono aumentati o diminuiti?
2. Di solito chi chiede il divorzio, la moglie o il marito?
3. Che tipo di coppia è quella che divorzia con maggiore frequenza?
4. Quali sono i matrimoni più solidi?
5. Perché la maggior parte dei divorzi è consensuale?

1. La quasi totalità delle persone che divorziano sono nate:
a. in Paesi diversi
b. nella stessa regione
c. nella stessa città

2. Un detto popolare italiano dice:
a. «marito e buoi dei paesi tuoi»
b. «moglie e buoi dei paesi tuoi»
c. «figli e buoi dei paesi tuoi»

3. Con il rito del contenzioso il tempo per arrivare al divorzio si allunga in media:
a. di circa sette volte
b. del 90%
c. del doppio

4. I figli dei divorziati vanno a vivere quasi sempre con:
a. il padre
b. la madre
c. i nonni

competenza linguistica

Trasformare le seguenti espressioni dal singolare al plurale o viceversa:

1. Le domande di divorzio
....

2. Il matrimonio fallito
....

3. La coppia resistente
....

4. Le forti riduzioni
....

5. Il detto popolare
....

6. L'uomo separato
....

7. I divorzi consensuali
....

8. La procedura veloce
....

spunti per la conversazione

1. Qual è la vostra opinione sul divorzio?
2. Secondo voi oggi si divorzia con troppa facilità?
3. E' giusto l'affidamento dei figli quasi sempre alla madre?
4. Nel vostro Paese quali sono le ragioni più frequenti che spingono una coppia a divorziare?
5. Quali sono, secondo voi, le maggiori difficoltà dei figli di divorziati?

riassumere il testo

GLI SCHIAVI DEL GIOCO D'AZZARDO

Alessandro Coppini, settembre 2002

Qualche puntata ogni settimana al lotto va bene. Ma a volte il gioco può diventare una vera e propria ossessione. In Italia sono circa 300mila gli schiavi di videopoker, bingo, cavalli, carte e superenalotto. Il moderno giocatore d'azzardo non è più quello che passava giorno e notte al casinò. Oggi per dilapidare un patrimonio basta andare al bar sotto casa. «Molti si rovinano con giochi che potremmo definire "casalinghi", che creano però lo stesso tipo di dipendenza di chi gioca alla roulette o al baccarat» afferma Stefano Pallanti, direttore dell'Istituto di Neuroscienze dell'Università di Firenze.

Gli schiavi del gioco sono in aumento soprattutto tra i giovani e rispondono, secondo Pallanti, a tre differenti tipologie: gli ossessivo-compulsivi (che sfogano così alcune loro ossessioni), quelli in cui prevale la dipendenza (sono come drogati che, una volta cominciato, non possono più farne a meno) e infine gli adrenalinici (che giocano per cercare sensazioni forti e uno stato di febbrile esaltazione). La mania del gioco è in ogni caso una schiavitù, che produce un cambiamento anche a livello mentale. «Alcuni giocatori cronici che decidono di smettere possono anche avere crisi da astinenza del tutto simili a quelle che colpiscono i drogati, con tremori, rapidi passaggi da sensazioni di caldo a sensazioni di freddo, aggressività improvvisa» spiega Pallanti.

Una dimostrazione evidente di come il gioco d'azzardo sia ormai diventato una malattia sociale viene da Modena, dove è stato aperto di recente il primo centro italiano di recupero per gioco-dipendenti. Al centro, che porta il nome di «Papa Giovanni XXIII», psicologi e assistenti sociali cercheranno di analizzare e risolvere i problemi psicologici e familiari che la dipendenza ha creato nei pazienti. Un po' più difficile sarà trovare una soluzione ai loro problemi finanziari, specialmente per quelli che hanno dilapidato in breve tempo tutti i propri risparmi e si sono anche indebitati con gli usurai.

rispondiamo sul testo

1. Com'è il moderno giocatore d'azzardo?
2. Che cosa può produrre la mania del gioco a livello mentale?
3. Che cosa è stato aperto a Modena?
4. Quali problemi dei giocatori d'azzardo sono i più difficili da risolvere perché?

dizionario

aumento: crescita
dilapidare: sperperare, dissipare
drogato: chi fa uso di droghe, tossicomane
febbrile: intenso, delirante
giocatore d'azzardo: chi scommette soldi in un gioco basato sulla sorte
indebitarsi: fare debiti
ormai: a questo punto
puntata: scommessa, giocata
recupero: reinserimento (sociale)
risparmi: denaro messo da parte per il futuro
rovinarsi: andare in rovina
schiavo: prigioniero
sfogare: dare sfogo, liberarsi
soprattutto: specialmente, essenzialmente
usuraio: chi presta denaro ad altissimi interessi

1. Il moderno giocatore d'azzardo:
a. passa giorno e notte al casinò
b. gioca alla roulette e al baccarat
c. può dilapidare un patrimonio anche al bar sotto casa

2. I giocatori adrenalinici:
a. sono come drogati
b. sfogano nel gioco le loro ossessioni
c. cercano sensazioni forti

3. I giocatori cronici che decidono di smettere:
a. hanno spesso crisi di astinenza
b. risolvono facilmente i loro problemi finanziari
c. non vanno mai in un centro di recupero

4. Gli schiavi del gioco sono spesso vittime:
a. dei cavalli
b. degli usurai
c. degli psicologi

competenza linguistica

Completare le seguenti frasi con il comparativo di maggioranza:

1. Il videopoker è .... divertente ....carte.

2. Il giocatore d'azzardo va al casinò .... di giorno .... di notte.

3. Oggi gli schiavi del gioco sono .... i giovani .... gli anziani.

4. Molti giocatori d'azzardo sono .... aggressivi .... drogati.

5. Per i giocatori d'azzardo è .... facile continuare .... smettere.

vero o falso?

v. f.
□ □ 1. I giocatori cronici che decidono di smettere non hanno mai crisi di astinenza.
□ □ 2. Stefano Pallanti è il direttore del centro «Papa Giovanni XXIII».
□ □ 3. In Italia gli schiavi del gioco sono circa mezzo milione.
□ □ 4. Il primo centro di recupero per gioco-dipendenti è stato aperto a Modena.

riassumere il testo

FAMIGLIA, AMORE E AMICIZIA

Annalisa Rossi, edizione estiva 1998

Può sembrare strano ma, all'alba del terzo millennio, per i giovani c'è ancora la famiglia al primo posto nella scala dei valori. E questo non è l'unico dato sorprendente che emerge da una ricerca dell'istituto Asper sulle aspirazioni e le paure dei giovani, effettuato su un campione di 2.300 ragazzi tra i 15 e i 25 anni. L'83% di loro vorrebbe una famiglia unita per reazione alla disgregazione di quella di appartenenza: circa la metà infatti sono figli di separati o divorziati. Molti ammettono di sentirsi trascurati dai genitori, che spesso delegano la funzione educativa alla scuola, perché sono troppo occupati a raggiungere i propri obiettivi.

Tra le preferenze giovanili, dopo la famiglia, c'è l'amore, e poi l'amicizia, la libertà e solo al quinto posto il sesso. Il giovane di domani è un edonista tranquillo, sogna un divano e una tv invece che audaci prestazioni sessuali come la generazione degli anni '80. Non è invece in diminuzione, rispetto al decennio precedente, la voglia di fare soldi, tanti e subito. E qui cominciano le frustrazioni perché, mentre la voglia di ricchezza è diffusa nel 68% dei giovani, il 46% di loro pensa già che non riuscirà ad ottenerla e, anzi, teme più di tutto la disoccupazione, che in Italia è vicina al 12%. «Studi specifici ci hanno confermato che nel nostro Paese i giovani rappresentano il gruppo sociale che più rischia di cadere al di sotto della soglia di povertà. Oltre i due terzi dei poveri hanno meno di 24 anni. Lo scorso anno il 60% dei due milioni e ottocentomila disoccupati erano giovani in cerca del primo lavoro» dichiara preoccupata Emma Marcegaglia, presidente dei giovani industriali.

Eppure, nonostante l'incertezza del futuro e la sfiducia nelle istituzioni e nella politica, i giovani non protestano, né contestano questa società, con la rumorosa eccezione di alcuni gruppi di «splatters» concentrati nel ricco Nord. Preferiscono rifugiarsi all'interno del nucleo familiare: il 78% vive ancora con mamma e papà (anche se spesso in modo conflittuale, visto che il 51% si sente nervoso, scontento e depresso). «Questo rappresenta una delle molte contraddizioni dei giovani: dichiarano di volere l'indipendenza economica e affettiva ma non fanno nulla per ottenerle e si avvicinano al mondo del lavoro senza grinta» sostiene lo psicanalista Dino Cafaro, direttore dell'Asper. Il guscio protettivo della famiglia li tiene lontani dalla società degli adulti, che considerano egoista, ingiusta e corrotta. Difficile trovare in questo contesto punti di riferimento. Il 30% dei giovani soffre di solitudine e crisi di abbandono, molti frequentano gruppi o sette religiose oppure cercano paradisi artificiali nelle droghe (uno su tre ha usato stupefacenti o abusa di alcol). Fanno l'amore senza paura dell'Aids o delle gravidanze anche se preferiscono ritardare la prima esperienza sessuale a 16/18 anni (per la generazione precedente era a 13 anni). La pillola è fuori moda: paradossalmente il metodo contraccettivo più usato è il coito interrotto e solo 20 ragazzi su 100 usano il preservativo. Le paure comunque restano sempre le stesse nonostante il passare del tempo: i maschi si preoccupano per la dimensione del pene e le femmine per quella del seno. Un altro dato anacronistico: dopo gli anni della liberazione sessuale, sopravvissuto all'edonismo degli anni '80 e '90, il maschio del duemila teme l'infedeltà più dell'eiaculazione precoce, proprio come i suoi antenati di fine Ottocento.

rispondiamo sul testo

1. Perché molti giovani dicono di sentirsi trascurati dai genitori?
2. Che cosa dice Emma Marcegaglia riguardo alla disoccupazione giovanile?
3. I giovani di oggi come considerano la società degli adulti?
4. I giovani temono la solitudine. Come cercano di sconfiggerla?
5. Qual è il metodo contraccettivo che usano più frequentemente?

dizionario

all'alba: all'inizio
antenato: avo, progenitore
campione: gruppo ridotto ma rappresentativo di una totalità
contestare: criticare
delegare: affidare, attribuire
di appartenenza: di cui fanno parte
disoccupazione: mancanza di lavoro
emergere: risultare, venire fuori
gravidanza: gestazione
grinta: determinazione
guscio: involucro
raggiungere: ottenere, conquistare
scala dei valori: graduatoria delle qualità positive
soglia: limite, livello
trascurato: non curato, abbandonato

1. Nell'Italia di oggi più dei due terzi dei poveri hanno:
a. tra i 30 e i 35 anni
b. meno di 24 anni
c. più di 40 anni

2. Nella scala dei valori giovanili dopo la famiglia c'è:
a. il sesso
b. la ricchezza
c. l'amore

3. Il maschio del Duemila teme:
a. la disoccupazione
b. l'infedeltà
c. l'Aids

4. Il giovane di domani è:
a. un feticista inquieto
b. edonista tranquillo
c. disoccupato felice

Completare il seguente paragrafo dell'articolo con le preposizioni mancanti (semplici o articolate):

Può sembrare strano ma, ...alba .... terzo millennio, ... i giovani c'è ancora la famiglia .... primo posto .... scala .... valori.
E questo non è l'unico dato sorprendente che emerge .... una ricerca ....istituto Asper .... aspirazioni e le paure .... giovani, effettuato .... un campione .... 2.300 ragazzi .... i 15 e i 25 anni. L'83% .... loro vorrebbe una famiglia unita .... reazione .... disgregazione .... quella .... appartenenza: circa la metà infatti sono figli .... separati o divorziati.

v.   f.

☐   ☐   1. La maggior parte dei giovani di oggi contesta questa società.

☐   ☐   2. Più della metà dei giovani che vivono in famiglia si sentono scontenti e depressi.

☐   ☐   3. I giovani di oggi hanno la loro prima esperienza sessuale prima dei 16 anni.

☐   ☐   4. I giovani maschi si preoccupano per la dimensione del loro membro virile.

FARE LA MAMMA E' IL LAVORO PIU' BELLO

Vanna Vivoli, settembre 2002

Torna il mito della mamma italiana. Oggi sei mamme su dieci considerano quello della maternità il lavoro più bello e desiderato. Pannolini, pappe e pulizie domestiche soddisfano più della carriera e dei successi professionali. Lo rivela un'indagine che Eta Meta Research ha realizzato su 1.024 mamme italiane tra i 20 e i 40 anni, in occasione del primo Raduno Nazionale delle Mamme che si è svolto a Riccione.

Sia la gestazione che le settimane successive al parto sono periodi pieni di ansia. Per l'89% delle intervistate la paura maggiore è che il bambino nasca con problemi di salute e i controlli medici non bastano a tranquillizzarle. Anche perché sui controlli le mamme esprimono qualche dubbio: il 76% pensa infatti che siano insufficienti e critica l'atteggiamento spesso troppo indifferente dei medici.

Anche il momento successivo al parto non è molto sereno: il 67% delle mamme ha confessato di aver avuto paura di non essere all'altezza di crescere il figlio. Le mamme di oggi, poi, non avendo più la protezione delle grandi famiglie di un tempo, si sentono spesso abbandonate a se stesse. E se per il 19% di loro la propria madre resta sempre un valido punto di riferimento per avere aiuto, il 15% pensa che sia meglio fare da sola. L'indagine rivela infine che una delle maggiori difficoltà per le donne è conciliare la propria condizione di madre con quella di lavoratrice. Il 35% delle intervistate dice che una delle più importanti rinunce che ha dovuto fare alla nascita del figlio è stata proprio quella della carriera, soprattutto per l'insufficienza di strutture pubbliche che la aiutassero, ma anche per la difficoltà ad ottenere un lavoro a tempo parziale.

133

rispondiamo sul testo

1. Che cosa pensano della maternità sei mamme italiane su dieci?
2. Dove si è svolto il primo raduno nazionale delle mamme?
3. Perché durante la gestazione molte mamme sono in ansia?
4. Perché nelle settimane successive al parto l'ansia continua?

dizionario

atteggiamento: comportamento, modo di fare
conciliare: accordare, associare
crescere: allevare, educare
gestazione: periodo necessario allo sviluppo completo del feto
indagine: studio, ricerca
pannolino: pezzo di materiale assorbente usato per l'igiene dei bambini
pappa: cibo semiliquido adatto ai bambini piccoli
parto: espulsione del bambino dal corpo della madre al termine della gestazione
raduno: riunione di più persone per una manifestazione
svolgersi: avere luogo, succedere

1. La maternità è il lavoro:
a. bellissimo
b. più bello
c. il più bello

2. Sui controlli medici le mamme esprimono:
a. del dubbio
b. qualche dubbio
c. nessun dubbio

3. Per una mamma continuare a lavorare è la difficoltà:
a. migliore
b. maggiore
c. peggiore

4. Secondo molte madri i medici hanno un:
a. comportamento divertente
b. controllo insufficiente
c. atteggiamento indifferente

competenza linguistica

Mettere la forma corretta dell'aggettivo bello davanti ai seguenti nomi:

1. Una .... mamma.
2. Dei .... pannolini.
3. Una .... indagine.
4. Un .... periodo.
5. Dei .... figli.
6. Delle .... famiglie.
7. Dei .... atteggiamenti.
8. Un .... lavoro.

vero o falso?

v. f.

☐ ☐ 1. Per le mamme italiane il periodo successivo al parto è molto sereno.

☐ ☐ 2. Le famiglie di oggi non sono più quelle di un tempo.

☐ ☐ 3. Quasi il 30% delle intervistate trova un valido aiuto nella propria madre.

☐ ☐ 4. Dopo il parto una donna italiana non ha difficoltà a trovare un lavoro a tempo parziale.

riassumere il testo

QUANDO L'UFFICIO DIVENTA UN INFERNO

Annalisa Rossi, marzo 2001

In Italia sono un milione e mezzo i lavoratori, uomini e donne, che subiscono quello che oggi viene chiamato con la parola inglese «mobbing», cioè discriminazioni e molestie psicologiche nel luogo di lavoro inflitte dai superiori ai propri collaboratori. I capi si divertono sadicamente a rendere un inferno la vita lavorativa dei loro dipendenti, specialmente di quelli considerati troppo bravi ed efficienti. Mille sono gli espedienti con cui torturano le loro vittime: aggressioni verbali, continui cambiamenti di mansioni e una lenta e impietosa riduzione di responsabilità che finisce spesso con il licenziamento.

E' abbastanza strano ma i «mobbizzati» hanno spesso un alto livello culturale: ci sono ingegneri, medici, dirigenti, tecnici specializzati. Uno studio rileva che il 38% di loro lavora nell'industria e nei servizi, il 22% nella pubblica amministrazione, il 12% nelle università. Negli uffici dei vari sindacati molte delle vittime raccontano che le terribili umiliazioni subìte sono all'origine di stati d'ansia, malattie psicosomatiche e, non raramente, di tragedie familiari.

Il sociologo Domenico De Masi suggerisce di usare l'ironia come arma contro i capi che praticano il mobbing. «L'ironia – dice - aiuta a salvarsi dallo stress, dal senso di inutilità. I capi sono quasi sempre degli incompetenti messi sopra persone competenti. E il mobbing è la diretta conseguenza dell'attuale organizzazione del lavoro basata sulla competitività e la gerarchia». La seconda arma, secondo De Masi, è la lotta di classe. «Il marxismo è finito, ma bisogna organizzarsi contro chi opprime sul posto di lavoro» dice.

Un'altra autorevole opinione la dà il magistrato Raffaele Guariniello, che afferma: «Per anni la sicurezza sul lavoro è stata vista soprattutto come protezione fisica dei dipendenti. Ma ricordiamo che il Codice Civile già nel 1940 prevedeva la protezione della personalità morale del lavoratore. Oggi sappiamo che anche quella psicologica è una malattia professionale». Infatti il mobbing può rientrare, giuridicamente, nel reato di lesioni personali oppure in quello dei comportamenti dolosi come le minacce, le molestie sessuali e la diffamazione.

Purtroppo sono tutti reati difficili da dimostrare. C'è bisogno quindi di aggiornare le nostre leggi recependo le direttive dell'Unione Europea che ha già dato specificità al reato di mobbing.

rispondiamo sul testo

1. Che cos'è il mobbing?
2. Chi sono le sue vittime?
3. In quale settore lavora il maggior numero di «mobbizzati»?
4. Quali possono essere le conseguenze del mobbing?

dizionario

aggiornare: rivedere un'opera per adeguarla ai tempi e alle esigenze attuali

doloso: commesso con la volontà di compiere un atto illecito

espediente: idea ingegnosa per risolvere una situazione difficile

infliggere: costringere a sopportare, imporre

lesione personale: violenza fisica contro qualcuno

licenziamento: allontanamento di qualcuno da un impiego o servizio da parte del datore di lavoro

lotta di classe: conflitto fra le classi sociali provocato da un contrasto di interessi

mansione: compito, incarico

molestia: vessazione, fastidio

opprimere: sottoporre a vessazioni, tiranneggiare

prevedere: considerare e disciplinare (regolare con norme)

reato: violazione di una legge, trasgressione

recepire: accogliere, ricevere, fare proprio

sindacato: associazione di lavoratori dipendenti

subire: essere costretto a sopportare qualcosa

1. Il sociologo Domenico De Masi dice che l'ironia può essere:
a. una conseguenza
b. un'arma
c. una gerarchia

2. Raffaele Guariniello è un:
a. ingegnere
b. professore universitario
c. magistrato

3. Le molestie sessuali sono:
a. un comportamento doloso
b. una lesione personale
c. diffamazioni

4. In fatto di mobbing le nostre leggi devono essere:
a. recepite
b. aggiornate
c. previste

competenza linguistica

Completare le seguenti frasi con l'imperfetto indicativo dei verbi in parentesi:

1. In passato i lavoratori (subire) .... il mobbing senza protestare.

2. Il suo capo (divertirsi) .... a rendere la sua vita un inferno.

3. Tu (avere) .... un alto livello culturale, ma (essere) .... lo stesso vittima del tuo capo.

4. Noi ti (suggerire) .... sempre di usare più spesso l'ironia.

5. Voi (affermare) .... che la sicurezza sul lavoro (essere) .... importante.

6. Prima di leggere l'articolo io non (sapere) .... niente sul mobbing.

spunti per la conversazione

1. Che cosa sapete sul mobbing e che cosa ne pensate?
2. Avete qualche esperienza diretta o indiretta da raccontare su questo argomento?
3. Nel vostro Paese esistono delle leggi specifiche contro il mobbing?
4. Secondo voi, oltre il mobbing, quali sono i problemi maggiori sul luogo di lavoro?
5. Secondo voi le vittime del mobbing sono più uomini o donne?

riassumere il testo

INSONNIA, STANCHEZZA E DEPRESSIONE

Vanna Vivoli, ottobre 2001

I problemi familiari o di lavoro, il traffico, il rumore, la Borsa che va male: tutto contribuisce a disturbare il riposo notturno degli italiani di ogni età.

Negli ultimi anni la situazione è peggiorata, come dimostrano i dati raccolti dall'Aims, l'Associazione italiana di medicina del sonno, secondo cui a dormire bene è solo il 46,1% dei nostri connazionali. Le ore di lavoro aumentano, il tempo dedicato a se stessi diminuisce. E sempre più spesso le conseguenze si fanno sentire il giorno dopo, con sintomi come stanchezza, tensione, depressione.

Il ritratto dell'italiano insonne non è soltanto quello dell'uomo e della donna in carriera: anche una considerevole parte di adolescenti ha problemi con Morfeo. Da uno studio del Centro pediatrico dell'Università La Sapienza di Roma risulta che, su 7000 studenti delle scuole medie inferiori, la metà ha difficoltà ad addormentarsi. E non soltanto nel fine settimana, quando gli orari diventano sregolati, ma anche durante i giorni di scuola.

Non tutti i disturbi del sonno, però, portano a una patologia: il vero insonne è solo chi si porta dietro i problemi delle ore di riposo perdute. Gli altri disturbi, più lievi, sono semplicemente segnali, che però non devono essere trascurati. L'importante è accorgersene in tempo, individuando le cause che sono all'origine del problema e trovando la cura più adatta con l'aiuto dello specialista. A volte può bastare un letto migliore, una strada meno rumorosa in cui abitare, un po' di attività fisica durante la giornata.

rispondiamo sul testo

1. Quali sono le cause più frequenti dell'insonnia?
2. Quali sono le principali conseguenze di questo disturbo?
3. L'insonnia è un problema solo degli adulti?
4. Che cosa si può fare per combattere l'insonnia nelle sue forme meno gravi?

dizionario

accorgersi: capire, rendersi conto
addormentarsi: prendere sonno
adolescente: ragazzo/a tra i 13 e i 18 anni
bastare: essere sufficiente
Borsa: Istituzione controllata dallo Stato dove si effettuano contrattazioni commerciali
connazionale: della stessa nazione
considerevole: numeroso, grande
riposo: tranquillità, pace
insonne: che non dorme
lieve: leggero, superficiale
Morfeo: dio pagano del sonno
sonno: periodo in cui si dorme
sregolato: che non rispetta le regole
stanchezza: affaticamento, condizione fisiologica di che è stanco
trascurare: ignorare, non curare

scelta multipla

1. L'insonnia colpisce gli italiani di ogni:
a. regione
b. età
c. classe sociale

2. Sono meno del 50% della popolazione gli italiani che dormono:
a. meglio
b. bene
c. male

3. Gli orari degli adolescenti nel fine settimana sono:
a. peggiorati
b. sregolati
c. disturbati

4. Si dorme meglio se la strada in cui abitiamo è poco:
a. considerevole
b. fisica
c. rumorosa

competenza linguistica

Completare le seguenti frasi con il passato prossimo di essere o avere:

1. Da piccola mia sorella .... gravi problemi di insonnia.

2. Ieri notte Alessandra e Matilde hanno dormito solo due ore e per questo .... malissimo tutto il giorno.

3. .... uno specialista a risolvere i suoi problemi di salute.

4. A differenza di me, voi non .... mai bisogno di dormire molte ore.

5. Il medico ha individuato subito le cause che .... all'origine di quel disturbo.

6. Io non .... difficoltà ad addormentarmi fino ai quarant'anni.

vero o falso?

v. f.

☐ ☐ 1. Una causa dell'insonnia è che nella società di oggi il lavoro diminuisce e il tempo dedicato a se stessi aumenta.

☐ ☐ 2. Il Centro pediatrico dell'università La Sapienza ha fatto un sondaggio tra gli studenti delle scuole medie superiori.

☐ ☐ 3. Molti giovani hanno difficoltà ad addormentarsi tutti i giorni della settimana.

☐ ☐ 4. Qualche volta, per vincere l'insonnia, può essere sufficiente dormire in un letto più comodo.

riassumere il testo

STRANIERI A SCUOLA

Donella Presenti, febbraio 1998

La Fondazione Agnelli ha fatto una ricerca sulla presenza degli studenti stranieri nella scuola italiana. La ricerca - intitolata «Bambini extracomunitari a scuola: possibili modelli di integrazione a confronto» - ha esaminato la situazione in sette città (Torino, Milano, Genova, Bologna, Firenze, Bari e Palermo) ed ha rivelato che il fenomeno è in costante crescita.

Ogni anno i ragazzi stranieri che frequentano le nostre scuole aumentano del 25%, con un incremento maggiore nelle classi delle elementari e delle medie inferiori. Più del 90% delle iscrizioni scolastiche di stranieri è concentrato nel Centro-Nord, ma è al Sud che esistono le difficoltà maggiori per una buona integrazione didattica e sociale con i ragazzi italiani. A Palermo e Bari, per esempio, non esistono iniziative coordinate in modo organico e tutto è lasciato alla buona volontà dei singoli insegnanti. Bisogna ammettere che la società italiana, e la scuola in particolare, non è preparata a ricevere tanti ragazzi stranieri. Il problema della diversità linguistica non trova soluzione ed è difficile organizzare seri progetti educativi perché mancano animatori, mediatori culturali e insegnanti specializzati.

La Fondazione Agnelli ha lanciato in proposito un messaggio molto esplicito ai responsabili del settore. «Un buon inserimento scolastico - ha detto il direttore Marcello Pacini - costituisce un presupposto fondamentale per la positiva integrazione non solo del minore ma anche della sua famiglia». Occorre quindi trovare con urgenza una soluzione a tutti questi problemi. «Assoluta precedenza - ha sottolineato poi Pacini – deve essere data all'insegnamento della lingua italiana. Se i ragazzi non conoscono bene la lingua del Paese in cui vivono non riusciranno mai a raggiungere un soddisfacente livello di parità».

rispondiamo sul testo

1. Che tipo di ricerca ha fatto la Fondazione Agnelli?
2. In quale parte d'Italia è concentrato il maggior numero di studenti stranieri?
3. Che cosa manca nella scuola italiana per organizzare seri progetti educativi riguardo alla diversità linguistica?
4. Qual è il presupposto essenziale per un buon inserimento dei ragazzi stranieri nel loro nuovo Paese?

dizionario

animatore: promotore, intrattenitore
crescita: aumento, sviluppo
incremento: aumento
iniziativa: proposta, progetto
mediatore: intermediario
precedenza: priorità
presupposto: base, punto di partenza

1. I ragazzi stranieri che frequentano le nostre scuole sono in costante:
a. diminuzione
b. aumento
c. diversità

2. Organizzare seri progetti educativi è:
a. inutile
b. difficile
c. esplicito

3. Bari è una città del:
a. Sud
b. Nord
c. Centro

4. La Fondazione Agnelli ha lanciato un:
a. modello
b. problema
c. messaggio

Mettere l'articolo determinativo davanti alle seguenti parole:

1. .... presenza
2. .... studenti
3. .... situazioni
4. .... incremento
5. .... ragazzi
6. .... straniero
7. .... mediatore
8. .... soluzione
9. .... problemi
10. .... parità

v. f.

☐ ☐ 1. La società italiana è preparata a ricevere i ragazzi stranieri nelle sue scuole.

☐ ☐ 2. Uno dei maggiori problemi di integrazione è la diversità linguistica.

☐ ☐ 3. Il problema dell'integrazione scolastica non è particolarmente urgente.

☐ ☐ 4. La ricerca della Fondazione Agnelli ha esaminato la situazione in nove città italiane.

UN LIBRETTO CONTRO LE AGGRESSIONI

Alessandro Coppini, novembre 1995

I City Angels sono un gruppo di volontari che controllano le zone più a rischio delle principali città italiane per proteggere i cittadini dagli atti di violenza. Con la collaborazione del Sindacato autonomo di Polizia, hanno anche pubblicato un libretto che insegna a difendersi e a prevenire furti e aggressioni, offrendo alcuni semplici consigli pratici soprattutto alle donne. Ecco, in sintesi, quali sono.

In casa: 1) Chiudi le tende o le persiane quando è buio, ma lascia sempre passare un po' di luce attraverso le finestre per mostrare che l'appartamento non è vuoto - 2) Quando esci o vai a dormire lascia accesa una luce, la radio o la Tv: i ladri penseranno che in casa ci sia qualcuno o che l'inquilino sia ancora sveglio - 3) Sulla segreteria telefonica non lasciare messaggi che segnalino che non sei in casa. Registra invece un testo di questo tipo: «In questo momento non posso rispondere, ma se lasciate un messaggio vi richiamerò al più presto» - 4) Chiama subito la polizia se senti rumori sospetti.

Per strada: 1) Cammina in maniera sicura: le vittime sono quasi sempre persone apparentemente deboli e che sembrano incapaci di difendersi - 2) Esci con pochi soldi. Usa carte di credito e bancomat. Metti nel portafogli le fotocopie dei documenti e lascia a casa gli originali - 3) Nascondi portafogli e oggetti di valore sotto il cappotto o nella giacca - 4) Non estrarre il portafogli in pubblico - 5) Ricorda che le tasche posteriori dei pantaloni sono meno sicure di quelle anteriori - 6) Tieni sempre la borsa chiusa e sotto il braccio - 7) Non indossare gioielli troppo appariscenti - 8) Non portare sciarpe, scialli o foulard: possono diventare un'arma per l'aggressore - 9) Non fare jogging con il walkman: ti impedisce di sentire il pericolo che si avvicina - 10) Se qualcuno ti aggredisce, urla solo se sei sicura che qualcuno può sentirti, altrimenti le tue urla provocheranno soltanto una maggiore furia da parte dell'aggressore - 11) Reagisci solo se conosci colpi di judo, karate o altre arti marziali. Se gli fai male senza neutralizzarlo, l'aggressore sarà ancora più violento. I colpi risolutivi sono soprattutto quelli al naso, alle orecchie, agli organi genitali - 12) Se qualcuno ti segue, fermati al primo telefono pubblico o entra in un negozio. In caso di emergenza suona tutti i campanelli del palazzo più vicino - 13) Molto spesso la vista di un telefono cellulare è sufficiente a scoraggiare gli inseguitori.

In auto e sui mezzi di trasporto pubblico: 1) Se qualcuno cerca di parlarti mentre sei seduta in auto, blocca le portiere e apri il finestrino solo di pochi centimetri - 2) Non dimenticare di nascondere l'autoradio e altri oggetti di valore nel bagagliaio, ma non farlo dove parcheggi l'auto - 3) Se sei sola in autobus, siediti sempre vicino al guidatore - 4) Tieni sempre il bagaglio in mano o accanto a te. Non lasciarlo incustodito nemmeno per pochi secondi - 5) Non ti fidare degli sconosciuti che si offrono di portarti le valige - 6) Ricordati che il maggior numero di scippi avvengono vicino alle stazioni, alle fermate degli autobus e nella metropolitana.

In discoteca e nei luoghi di ritrovo: 1) Non accettare bevande dagli sconosciuti: potrebbero contenere droghe o sonniferi - 3) Non fidarti di chi hai appena conosciuto, anche se ha l'apparenza di un bravo ragazzo: non dirgli subito dove abiti e non dargli il tuo numero di telefono (chiedi il suo) - 4) Non accettare passaggi in auto da estranei.

141

rispondiamo sul testo

1. Chi sono i City Angels e che cosa fanno?
2. Chi sono le vittime principali delle aggressioni?
3. Secondo il libretto pubblicato dai City Angels, qual è il messaggio più giusto da registrare sulla segreteria telefonica?
4. Dove è meglio sedersi quando una donna è sola in autobus?
5. Che cosa non si deve accettare in discoteca dagli sconosciuti?

dizionario

arma: oggetto di offesa e di difesa
appariscente: vistoso, pomposo
avvenire: succedere, accadere
bagagliaio: spazio di un'auto riservato ai bagagli
debole: senza energia
fidarsi: avere fiducia, credere
furto: rapina, ruberia
gioiello: oggetto prezioso
impedire: non permettere
incustodito: senza custodia, senza controllo
inquilino: chi abita in una casa, in un appartamento
persiana: chiusura esterna di una finestra
portafogli: busta di pelle per banconote
scialle: triangolo o quadrato di tessuto da mettere sulle spalle
sciarpa: striscia di tessuto da mettere intorno al collo
scippo: furto effettuato per strada
scoraggiare: dissuadere
sveglio: che non dorme
urlare: gridare, vociare

1. Se in casa senti rumori sospetti chiama subito:
a. l'inquilino
b. la polizia
c. l'aggressore

2. Sono meno sicure le tasche:
a. superiori
b. anteriori
c. posteriori

3. E' meglio nascondere l'autoradio nel:
a. bagaglio
b. parcheggio
c. bagagliaio

4. Non ti fidare:
a. dei conducenti
b. degli sconosciuti
c. degli appariscenti

competenza linguistica

Completare le seguenti frasi con l'imperativo dei verbi in parentesi:

1. Maria, non (spegnere) .... tutte le luci quando esci.

2. Signorina, mi (lasciare) .... un messaggio sulla segreteria telefonica.

3. Ragazze, (usare) .... carte di credito e bancomat.

4. Signor direttore, (mettere) .... i documenti nel portafoglio.

5. Mamma, (ricordarsi) .... di non indossare gioielli appariscenti.

6. Se qualcuno ti aggredisce, non (urlare) .... se nessuno può sentirti.

7. Se qualcuno vi segue, (fermarsi) .... al primo telefono pubblico.

vero o falso?

v.   f.

☐ ☐ 1. Le vittime sono quasi sempre persone apparentemente forti e in grado di difendersi.

☐ ☐ 2. Se qualcuno cerca di parlarti mentre sei in auto, chiudi le portiere e apri completamente il finestrino.

☐ ☐ 3. Il maggior numero di scippi avviene vicino alle stazioni ferroviarie.

☐ ☐ 4. Sciarpe, scialli o foulard possono essere un'arma di difesa contro gli aggressori.

riassumere il testo

INFANZIA E ADOLESCENZA IN ITALIA

Vanna Vivoli, marzo 2002

Per una volta, guardando i loro figli, i genitori italiani possono essere soddisfatti. E' vero che i nostri bambini stanno molto tempo davanti alla televisione ma, come dicono le statistiche, studiano anche molto per ottenere buoni risultati. E' vero che spesso stanno troppo soli, ma vivono comunque, più che in ogni altro Paese europeo, in famiglie con entrambi i genitori e vicino ai nonni. Sì, alcuni hanno la mania dei videogiochi e sono sedotti dall'universo virtuale, ma la maggior parte preferisce decisamente giocare a pallone e stare all'aria aperta con gli amici, frequentare corsi di disegno, musica e informatica. Certo sono figli a cui i genitori non dedicano abbastanza tempo e che riforniscono di beni d'ogni genere per mettere in pace la coscienza. Eppure sono bambini che vivono in un Paese, il nostro, in cui le morti nell'infanzia sono 49 ogni 100mila abitanti, meno che in Gran Bretagna (52), che in Irlanda (58), che in Portogallo (76). Un Paese in cui per «traumi e avvelenamenti», due tra le cause di morte più frequenti in giovane età, ci sono solo 5 morti ogni 100mila abitanti (in Europa solo Lussemburgo e Svezia hanno quote di mortalità inferiori).

Questo è in sintesi quanto risulta dall'elaborazione dei dati Istat, Eurostat e Onu fatta dal Centro nazionale di documentazione e analisi dell'Infanzia e dell'Adolescenza che ha sede presso l'Istituto degli Innocenti di Firenze. «Indubbiamente i problemi esistono — dicono gli esperti — ma devono essere valutati in una determinata situazione: quella di bambini che vivono, in Italia, una condizione ricca di affetti, di opportunità e di stimoli. L'analisi dei dati ufficiali ci presenta infatti un quadro in cui le famiglie educano e sostengono, i servizi sociali crescono, le situazioni a rischio sono limitate. Un quadro che, nel complesso, ci parla di una buona condizione dei bambini e dei ragazzi italiani».

Questo non significa che viviamo nel migliore dei mondi possibili, ma certamente in un mondo forse meno negativo di quanto si potrebbe pensare. I numeri, per una volta, non ci parlano solo dei malesseri dei giovani e delle omissioni degli adulti ma anche dello sforzo dei grandi e della serenità dei piccoli. Dice la sociologa Paola Tronu, esperta di famiglia e di infanzia presso l'Istituto degli Innocenti: «Prendiamo l'impatto con la tv: su questo punto si è molto enfatizzato. In realtà la televisione ha un ruolo centrale più nella vita degli adulti che in quella dei bambini, che hanno quasi sempre uno scambio alto, in termini di relazione, con i familiari: genitori, nonni, fratelli». I nostri bambini non sono diversi dagli altri dal punto di vista dei consumi culturali, sostiene la studiosa. La loro particolarità è altrove: le coppie italiane si separano e divorziano meno che in altri Paesi e per questo nel 96% dei casi i ragazzi crescono con entrambi i genitori. Anche la presenza dei nonni nella loro vita è più forte che negli altri Paesi europei: da noi, a parte quelli che vivono nella stessa casa (oltre il 10%), il 44% dei nonni abita a poca distanza dai nipoti, e 8 su 10 li vede più volte in una settimana. Questo significa memoria, trasmissione di esperienza e meno solitudine. E non è poco.

rispondiamo sul testo

1. Perché i genitori italiani possono essere soddisfatti dei loro figli?
2. Che cosa preferisce ai videogiochi la maggior parte dei bambini italiani?
3. Che impatto ha la Tv sui bambini italiani?
4. Qual è il ruolo dei nonni nella vita dei nostri bambini?

dizionario

altrove: in un altro luogo, in altra parte
avvelenamento: intossicazione
entrambi: ambedue, tutti e due
in termini: in parole
malessere: disagio, insoddisfazione
oltre: più di
quadro: situazione
rifornire: dare, procurare
sedotto: conquistato, attratto
sforzo: impegno, tentativo
sostenere: aiutare
statistica: raccolta di dati, indagine

1. Alcuni bambini sono sedotti dall'universo:
a. astrale
b. virtuale
c. affettivo

2. Ci sono più morti nell'infanzia in:
a. Irlanda
b. Gran Brotagna
c. Portogallo

3. In Italia il 10% dei nonni vive:
a. nella stessa casa dei nipoti
b. poco lontano dai nipoti
c. in un'altra città

4. I bambini italiani vivono una condizione ricca di:
a. traumi
b. omissioni
c. affetti

competenza linguistica

**Nel seguente paragrafo ci sono dieci errori.
Trovateli e fate le opportune correzioni:**

«Indubbiamente i problema esistono – dicono i esperti – ma devono essere valutate in una determinata situazione: quello di bambini chi vivono, in Italia, una condizione ricca di opportunità e di stimoli. L'analisi dei dati ufficiali si presenta infatti un quadro in quale le famiglie educano e sostengono, i servizi sociali crescono, le situazioni per rischio sono limitate. Un quadro che, al complesso, ci parla di una buon condizione dei bambini e dei ragazzi italiani».

spunti per la conversazione

1. Come è stata la vostra infanzia?
2. A che cosa vi piaceva giocare?
3. Che rapporto avevate con i vostri nonni?
4. Quali sono, secondo voi, le differenze fra i bambini di ieri e quelli di oggi?
5. Secondo voi l'infanzia di un bambino con genitori divorziati è differente da quella di chi ha una famiglia unita?

riassumere il testo

UN CONTO BANCARIO PER I MUSULMANI

Vanna Vivoli, novembre 1999

Da qualche mese le agenzie torinesi e milanesi della Banca Popolare di Milano hanno creato un conto corrente riservato ai musulmani. Si chiama «extra-light», cioè ultraleggero, perché non dà nessun guadagno, per evitare al correntista islamico di commettere peccato mortale. Il Corano, infatti, parla chiaro: Allah proibisce l'interesse (ribà). Qualsiasi interesse pagato o guadagnato è usura, è denaro impuro, sporco, che un fedele non deve nemmeno toccare. Per chi entra nel ribà c'è la scomunica e la condanna a finire «come chi è toccato dal diavolo», cioè a diventare pazzo per l'eternità. E questo vale non solo per i depositi bancari, ma anche per i mutui.

Così, per andare incontro agli aspiranti correntisti islamici, alla Banca Popolare di Milano hanno inventato una soluzione che accontenta tutti. I fedeli di Allah vogliono depositare il loro denaro senza guadagnarci niente? Benissimo, sono i benvenuti. In cambio non avranno nessuna spesa, a parte quelle postali. La banca ci guadagna e il correntista mette al riparo i risparmi e la coscienza. Oggi, anche se per la maggior parte continuano ad essere molto poveri, sono in aumento gli immigrati che hanno un lavoro e uno stipendio regolari e che non vogliono rischiare di lasciare il loro denaro in casa, nascosto sotto il materasso, o di portarlo con sé.

La notizia si è diffusa rapidamente e i «conti Islam» si stanno moltiplicando. A Torino sono già varie decine, a Milano sono addirittura centinaia.

E se un immigrato musulmano vuole comprare una casa ma non ha la possibilità di pagare in contanti? Può farlo solo con ricevute bancarie o cambiali, almeno finché non ci sarà una banca disposta a rinunciare agli interessi. Ma questo obbiettivo sarà molto più difficile da raggiungere: quelli non sono interessi a credito ma a debito!

— dizionario —

aspirante: pretendente, che desidera diventare
cambiale: titolo di credito con cui si promette di pagare una determinata somma di denaro
contanti: denaro in monete o biglietti bancari (banconote)
credito: somma di denaro che si deve ricevere
debito: somma di denaro che si deve dare
guadagno: utile, interesse
interesse: percentuale di guadagno su un investimento di denaro
mutuo: prestito a lunga scadenza (di solito per comprare una casa)
peccato mortale: gravissima violazione della legge divina
risparmi: denaro messo da parte per il futuro
scomunica: anatema, esclusione dei fedeli dalle pratiche religiose
stipendio: salario
usura: interesse eccessivo chiesto per denaro dato in prestito

— rispondiamo sul testo —

1. Come si chiama il conto creato dalla Banca Popolare di Milano per i musulmani?
2. Perché ha questo nome?
3. Che cosa proibisce il Corano?
4. Che cos'è il ribà?
5. Qual è la condanna per un musulmano che entra nel ribà?

1. Ora i musulmani di Milano sanno dove depositare il:
a. suo denaro
b. vostro denaro
c. loro denaro

2. Il correntista mette al riparo:
a. il materasso
b. i risparmi
c. il lavoro

3. A Torino i conti Islam sono già varie:
a. centinaia
b. migliaia
c. decine

4. Molti musulmani non hanno la possibilità di comprare una casa in:
a. cambiali
b. contanti
c. credito

competenza linguistica

Come si chiamano gli abitanti delle seguenti città italiane?

1. Torino	....	7. Roma	....
2. Milano	....	8. Firenze	....
3. Genova	....	9. Napoli	....
4. Palermo	....	10. Bologna	....
5. Venezia	....	11. Perugia	....
6. Bari	....	12. Cagliari	....

vero o falso?

v.   f.

☐ ☐ 1. Il conto corrente della Banca Popolare non prevede spese, neanche quelle postali.

☐ ☐ 2. In Italia gli immigrati che hanno uno stipendio regolare sono in crescita.

☐ ☐ 3. Un musulmano che vuole comprare una casa non può fare un mutuo.

☐ ☐ 4. Per il Corano l'usura è un peccato mortale.

riassumere il testo

turismo e tempo libero

Parte VI

UN DOLCE ALBERGO

Alessandro Coppini, settembre 1998

A Perugia c'è un albergo assolutamente unico, che può dare la felicità ai turisti più golosi. Chi vuole ammirare le bellezze della verde Umbria ed ha il culto del cioccolato (e sono in molti!) non deve perdere l'occasione di passare qualche notte all'Etruscan Cocohotel, il primo albergo al mondo dedicato al «cibo degli dei».

L'Etruscan Cocohotel ha novantaquattro camere, tutte esclusivamente arredate in onore del più delizioso oggetto del desiderio e disposte su tre dolcissimi piani: il piano «al latte», il piano «gianduia» ed il piano «fondente». In ogni camera pareti e arredi parlano della storia del cioccolato e dei modi di gustarlo nelle sue varie forme. In albergo si trovano anche un Chocobazar ed una Cioccolateria, in cui è possibile comprare e assaggiare i migliori prodotti al cioccolato di ogni parte del mondo. Ma non è tutto: il ristorante dell'Etruscan Cocohotel propone un menu «tutto cacao», dall'antipasto al dolce.

Il prezzo di una camera doppia di questo paradiso dei golosi varia dalle 140 alle 190mila lire (70/90 euro), mentre una singola costa circa 100mila lire (50 euro). L'albergo dispone anche di una piscina. Questa, però, tradizionalmente piena di acqua!

rispondiamo sul testo

1. Qual è la particolarità dell'Etruscan Cocohotel?
2. Come è definito il cioccolato?
3. Quanti piani ha l'albergo e quali sono i loro nomi?
4. Quanto costa passare una notte all'Etruscan Cocohotel?

dizionario

antipasto: cibo servito all'inizio del pranzo, prima di pasta o minestra
arredato: ammobiliato (con mobili)
assaggiare: provare, sentire il sapore di un cibo o di una bevanda
disporre: avere, essere fornito
fondente: tipo di cioccolato preparato solo con cacao
gianduia: tipo di cioccolato preparato con cacao e nocciole (specialità di Torino)
goloso: persona che ama in maniera eccessiva determinati cibi
gustare: sentire il sapore, mangiare con piacere
parete: muro di una stanza

1. L'Etruscan Cocohotel è il paradiso dei:
a. gustosi
b. golosi
c. gioiosi

2. L'Etruscan Cocohotel si trova in:
a. Toscana
b. Campania
c. Umbria

3. L'Etruscan Cocohotel ha:
a. un ristorante
b. un pianobar
c. una discoteca

4. Il prezzo di una camera singola è:
a. superiore a 100 euro
b. di 50 euro
c. inferiore a 50 euro

Completare il seguente paragrafo dell'articolo con le parole mancanti:

L'Etruscan Cocohotel .... novantaquattro camere, tutte esclusivamente arredate in .... del più delizioso .... del desiderio. In .... camera pareti e .... parlano della storia del cioccolato e dei .... di gustarlo nelle sue varie forme. In albergo si .... anche un Chocobazar e una cioccolateria, in .... è possibile .... e assaggiare i migliori .... al cioccolato di ogni .... del mondo.

v. f.

☐ ☐ 1. L'Etruscan Cocohotel è uno dei tanti alberghi al mondo dedicati al cioccolato.

☐ ☐ 2. Il «gianduia» è un particolare tipo di cioccolato fondente.

☐ ☐ 3. All'Etruscan Cocohotel è possibile fare un pasto completo tutto a base di cacao, dall'antipasto al dolce.

☐ ☐ 4. All'Etruscan Cocohotel c'è anche una piscina.

ALLA RICERCA DEI TESORI NASCOSTI

Alessandro Coppini, novembre 1999

L'Italia è il Paese con il maggior numero di musei al mondo e il più ricco di opere d'arte. I turisti però visitano sempre gli stessi luoghi, seguendo un itinerario prestabilito che li porta a fermarsi a Venezia, Firenze, Milano, Roma, Pompei, con rare deviazioni verso i santuari (Padova, Assisi, Loreto, Montecassino). Anche nelle principali città d'arte affollano sempre gli stessi musei, ignorando tutti gli altri: a Venezia visitano l'Accademia, a Firenze gli Uffizi, a Milano vanno a Brera, a Roma alla Galleria Borghese e ai Musei Vaticani. Una parte consistente e bellissima della Penisola rimane quindi ignorata e nascosta, mentre le mete più tradizionali del turismo di massa rischiano il collasso per abbondanza di visitatori. Questa situazione è una conseguenza inevitabile del turismo «mordi e fuggi», che spinge a vedere il massimo in un tempo limitatissimo e ad attraversare l'intera Italia, dalle Alpi alla Sicilia, in poco più di una settimana.

Ma se il tempo a disposizione è superiore perché limitarsi a controllare dal vivo monumenti e opere d'arte visti e rivisti in migliaia di immagini? Il Touring Club Italiano ha deciso di rivolgersi proprio a quei turisti che non hanno problemi di tempo e che possono quindi godersi le bellezze del nostro Paese in tutta tranquillità. Per loro ha pubblicato La Penisola del tesoro, una mappa che propone ed illustra 53 mete alternative ai soliti itinerari turistici, scritta con la collaborazione dell'ex ministro dei Beni Culturali Antonio Paolucci.

A Firenze, per esempio, Paolucci suggerisce di passare una mattinata al Museo della Fondazione Horne, che si trova a poche centinaia di metri dagli Uffizi e in cui si può respirare ancora oggi l'atmosfera tardo romantica del genere Camera con vista (Room with a view), ammirando tavole di Giotto o Filippino Lippi. Propone poi una visita a Recanati dove, nel museo civico di Villa Colloredo Mels, è conservata una scelta eccezionale di dipinti di Lorenzo Lotto, tra cui un'Annunciazione di «impressionante tenerezza». Chi passa per l'Umbria non deve fermarsi solo ad Assisi o Perugia: c'è anche Deruta, un paesino medievale con un delizioso ma poco frequentato museo dedicato alla ceramica, attività ancora praticata nella zona. A Genova, ma pochi lo sanno, esiste la più grande raccolta di arte giapponese dell'Occidente: è conservata nel museo Chiassone ed è formata da più di 15mila oggetti, testimonianza del gusto collezionistico di fine Ottocento. Perché non affollare per una volta le sue sale di solito deserte?

La Penisola del tesoro offre tanti altri suggerimenti che spingono a conoscere l'Italia in maniera meno superficiale, passando dai castelli del Nord agli intatti paesini del Centro, fino a raggiungere il Sud ed il suo enorme patrimonio archeologico, che (attenzione!) è possibile ammirare non solo agli Scavi di Pompei ma anche nei musei di Siracusa, Crotone e Reggio Calabria (sono qui i magnifici Bronzi di Riace!).

rispondiamo sul testo

1. Quali sono le tradizionali mete italiane del turismo di massa?
2. Che cosa propone il libro La Penisola del tesoro, pubblicato dal Touring Club Italiano?
3. Che cosa suggerisce l'ex ministro Paolucci ai turisti che visitano Firenze?
4. Dove si trovano i magnifici Bronzi di Riace?
5. Dove si trova e perché è famoso il paesino medievale di Deruta?

dizionario

affollare: riempire
ceramica: terracotta, maiolica
frequentato: visitato, visto
fuggire: scappare
godersi: gustarsi, provare piacere per qualcosa
gusto: preferenza, inclinazione
luogo: posto
meta: destinazione
mordere: addentare con forza, stringere con i denti
prestabilito: deciso prima
raccolta: collezione
raggiungere: arrivare a
rivolgersi: andare in direzione, andare verso
scelta: selezione
suggerire: consigliare, proporre
tavola: quadro dipinto su legno
testimonianza: dimostrazione, prova
trovarsi: essere

1. Uno dei più celebri santuari d'Italia si trova a:
a. Brera
b. Colloredo
c. Montecassino

2. Nel Museo Civico di Recanati ci sono molti dipinti di:
a. Filippino Lippi
b. Lorenzo Lotto
c. Giotto

3. Pompei è:
a. nel Nord Italia
b. nell'Italia Meridionale
c. sulle Alpi

4. La Penisola del tesoro offre molti:
a. istruzioni
b. suggestioni
c. suggerimenti

competenza linguistica

Completare le seguenti frasi con c'è o ci sono:

1. In Italia .... il maggior numero di musei del mondo.

2. A Roma .... i Musei Vaticani.

3. Al Museo della Fondazione Horne .... un'atmosfera tardo romantica.

4. In un museo di Genova .... più di 15mila oggetti di arte giapponese.

5. Nei musei di Siracusa .... sempre poca gente.

6. Per i turisti che hanno molto tempo a disposizione non .... problemi.

vero o falso?

v. f.

☐ ☐ 1. La Galleria Borghese è il più importante museo di Venezia.
☐ ☐ 2. La più grande raccolta di arte giapponese dell'Occidente si trova a Perugia.
☐ ☐ 3. Antonio Paolucci è stato ministro dei Beni Culturali.
☐ ☐ 4. Le mete alternative proposte dal libro del Touring Club sono più di cinquanta.

riassumere il testo

LA SCOPERTA DI CONVENTI E ABBAZIE

Vanna Vivoli, edizione estiva 1995

Per chi non può permettersi di passare le vacanze in luoghi esotici o alla moda, ma vuole comunque vivere un'esperienza particolare, c'è una nuova strada da seguire: quella del turismo religioso.

Anche se non è ancora un fenomeno di massa - e forse non lo sarà mai - il turismo religioso ha già numerosi e affezionati estimatori. Sono persone che preferiscono il silenzio di conventi e abbazie alla confusione degli stabilimenti balneari, che amano mangiare cibi dai sapori antichi e dormire in semplici celle.

Nel nostro Paese sono molti i luoghi di culto che offrono alloggio ai pellegrini-turisti. Nella Guida ai monasteri d'Italia, prima mappa completa del turismo religioso, i due autori - Gian Maria Grasselli e Pietro Tarallo – descrivono minuziosamente i luoghi dello spirito, regione per regione, raccontandone la storia e la vita quotidiana, con le «giornate che passano lente, ritmate dalle note del canto gregoriano e dalle funzioni liturgiche, dal lavoro e dalle conversazioni con i religiosi, dalla lettura di testi antichi e di codici miniati».

Il monastero di San Prospero a Camogli è uno dei più frequentati, anche perché accoglie ospiti da maggio ad ottobre. Una delle più grandi foresterie (120 posti) è invece quella del santuario di La Verna, in Toscana, dove San Francesco andava a pregare. Le monache benedettine del monastero della Madonna della Fiducia a Pogliolo, in Piemonte, organizzano addirittura corsi di teologia interreligiosa, yoga e meditazione Zen. Ed è possibile passare un periodo in solitudine e meditazione anche nell'affollatissima Venezia, meta privilegiata del turismo di massa: basta andare sull'isola di San Francesco del Deserto, al convento dei francescani minori, o nel piccolo monastero della Santissima Trinità, dove le suore clarisse offrono stanze a chi vuole passare con loro momenti di quiete e di contemplazione.

153

rispondiamo sul testo

1. Che tipo di persone scelgono di passare le proprie vacanze in conventi e abbazie?
2. Che cosa fanno durante il giorno?
3. Qual è il convento italiano che può ospitare il maggior numero di persone?
4. Dove è possibile fare «turismo religioso» nell'affollatissima Venezia?

dizionario

accogliere: ricevere, ospitare
affollato: pieno di gente
estimatore: ammiratore
foresteria: luogo per l'alloggio di turisti
frequentato: visitato spesso
funzione liturgica: cerimonia religiosa
miniato: illustrato con miniature
minuziosamente: con molta precisione
quiete: tranquillità, pace
quotidiano: di ogni giorno
stabilimento balneare: edificio per i bagni di mare
suora: monaca
testo: libro

1. Il monastero della Madonna della Fiducia si trova in:
a. Toscana
b. Liguria
c. Piemonte

2. Il monastero di San Prospero è uno dei più:
a. antichi
b. frequentati
c. piccoli

3. Le suore clarisse offrono:
a. corsi di yoga
b. stanze
c. cibi prelibati

4. Nei monasteri le celle sono:
a. spaziose
b. semplici
c. liturgiche

154

competenza linguistica

Mettere in ordine le seguenti parole in modo da formare frasi di senso compiuto:

1. alla - in - le - luogo - mie - moda
   passare - voglio - un - vacanze
   ....

2. affezionati - e - estimatori - già - ha
   il - numerosi - religioso - turismo
   ....

3. accoglie - ad - Camogli - da - di - maggio
   monastero - ottobre - ospiti - quel
   ....

4. è - del - di - massa - meta - privilegiata
   turismo - una - Venezia
   ....

vero o falso?

v. f.

☐ ☐   1. Grasselli, Tarallo e Verna sono i tre autori della Guida ai monasteri d'Italia.

☐ ☐   2. In Piemonte ci sono monache benedettine che organizzano corsi di yoga.

☐ ☐   3. San Francesco del Deserto è un'isola.

☐ ☐   4. Il santuario della Santissima Trinità è in Toscana.

riassumere il testo

Piccoli uomini lavorano freneticamente in un cantiere per finire una casa in costruzione: uno di loro guida una gru che trasporta sabbia, un altro carica mattoni su un treno. Poco lontano un gruppo vestito con impermeabili gialli fa funzionare le pale di un mulino. Non siamo a Lilliput ma a Genova e i piccoli umani non sono i compagni di Gulliver ma dei bambini che si trovano per la prima volta in una città tutta per loro. Siamo ai Magazzini del Cotone del Porto Antico, sede del più grande centro per giochi intelligenti d'Italia: 30mila metri quadrati di spazio a disposizione dei visitatori, con giochi e apparecchiature più o meno sofisticate per divertire ed educare.

Le parole d'ordine degli ideatori del centro sono infatti educazione e divertimento, anche se i bambini non sembrano apprezzare molto l'aspetto educativo. «Si vede che sono cose didattiche, perché se volevano farci giocare e basta le facevano meno serie» dice un giovanissimo visitatore. Un po' più positivo è il giudizio di una bambina che confessa: «Mi aspettavo un parco giochi, ma va bene lo stesso».

Il centro giochi riproduce una città e offre due percorsi: il primo per i bambini dai 3 ai 5 anni, il secondo per i ragazzi dai 6 ai 14.

Nel percorso per i più grandi il luogo di maggiore richiamo è lo studio televisivo. Ci sono il banco di regia, due telecamere, la scrivania del conduttore ed è previsto anche un collegamento con le previsioni meteo. Se si osservano i ragazzi che arrivano al microfono, ci si accorge subito che sono molto disinvolti ma hanno già tutti i vizi degli adulti. Oltre alla televisione, il centro propone anche attrazioni antiche, come gli specchi deformanti, e modernissime come la macchina degli odori: se si premono quattro diversi tasti e si infila il naso in una specie di tromba si può annusare il profumo del pino, dell'arancio, della violetta o della gomma da masticare. Per esercitare il tatto invece si infilano le mani in due scatole segrete e si indovina cosa contengono. Si possono anche studiare i venti con una macchina che riproduce la forza e la direzione di quelli principali. Nell'epoca del «politicamente corretto», per volontà degli adulti, non poteva certo mancare un gioco di sensibilizzazione all'handicap: davanti a uno schermo che illustra il funzionamento delle articolazioni del corpo, i bambini possono indossare dei tutori che bloccano le articolazioni.

Un posto che attira molto i ragazzi più grandi è la simulazione di un formicaio, che si può percorrere insieme a diecimila formiche operaie e trentotto regine, seguendole dentro gallerie e passaggi, che ospitano anche un ristorante e un piccolo cimitero. E' possibile perfino entrare nella personalità delle formiche e percepire il loro olfatto.

Per chi vuole invece sentire il vero vento del mare o vedere i colori non virtuali della natura, la soluzione è semplice: basta uscire dalla città dei bambini e a pochi passi c'è il molo del Porto Antico. Cento metri più in là tutti i pesci multicolori del Mediterraneo aspettano i visitatori nell'Acquario più grande d'Italia.

155

rispondiamo sul testo

1. Che cosa ospitano i Magazzini del Cotone del Porto Antico di Genova?
2. Quali sono le parole d'ordine degli ideatori del centro giochi?
3. Nel centro giochi è possibile seguire due percorsi diversi. Quali?
4. Che cos'è la macchina degli odori e come funziona?
5. Qual è l'attrazione che attira maggiormente i ragazzi più grandi?

dizionario

annusare: sentire l'odore
cantiere: laboratorio all'aperto
disinvolto: spontaneo, sicuro di sé
freneticamente: senza interruzione
gru: macchina per sollevare pesi
ideatore: autore, inventore
impermeabile: abito che ripara dalla pioggia
indovinare: capire, intuire
infilare: mettere dentro
mulino: edificio in cui si produce la farina
percorso: strada, itinerario
richiamo: attrazione
scrivania: tavolo per scrivere
specchio: superficie riflettente
vizio: cattiva abitudine, qualità negativa

1. Il centro giochi ospita:
a. un piccolo teatro
b. uno studio televisivo
c. una fabbrica di profumi

2. Una macchina riproduce la forza:
a. dei mulini
b. del corpo
c. dei venti

3. L'acquario più grande d'Italia si trova:
a. sul molo del Porto Antico
b. nei Magazzini del Cotone
c. a Lilliput

4. I bambini possono:
a. guidare una gru
b. indossare delle armature
c. scavare gallerie e passaggi

156

competenza linguistica

Trasformare le seguenti frasi dal singolare al plurale:

1. L'uomo lavora
....

2. La gru trasporta
....

3. La pala funziona
....

4. La città stanca
....

5. Il gioco diverte
....

6. Il parco rilassa
....

7. Lo specchio riflette
....

8. La formica cammina
....

vero o falso?

v. f.

☐ ☐ 1. Il centro giochi di Genova occupa 14mila metri quadrati di spazio.

☐ ☐ 2. Gli specchi deformanti sono una delle attrazioni più moderne.

☐ ☐ 3. Nel centro giochi di Genova c'è un gioco per esercitare il tatto.

☐ ☐ 4. I bambini possono indossare dei tutori per simulare un handicap.

riassumere il testo

L'ESCURSIONISMO E L'ORIENTAMENTO

Donatella Palli, febbraio 2003

Da sempre guide esperte conducono gli escursionisti per i difficili sentieri di montagna, aiutate dalla loro profonda conoscenza di una particolare zona. Ma negli ultimi anni in Italia, con la crescita dell'interesse per la conservazione dell'ambiente e con l'istituzione di nuovi parchi nazionali, il numero delle persone che nel tempo libero vogliono riscoprire le bellezze naturali del nostro Paese è notevolmente aumentato. Per questo è stato necessario dare una qualifica professionale a queste guide, considerando le particolari esigenze del nuovo mercato e i relativi rischi.

La Toscana, ad esempio, con la legge regionale del 23 marzo 2000, ha istituito dei corsi di formazione per guida ambientale escursionista che si tengono a Rufina, vicino a Firenze, e sono riservati a venti partecipanti, scelti dopo un'accurata selezione attitudinale. I corsi sono costituiti da 600 ore di lezioni, di cui 80 di esperienza sul campo, e durano nove mesi, da novembre a luglio. Numerosissimi e vari sono gli argomenti trattati dagli insegnanti durante le lezioni: vanno dalla storia alla legislazione in materia di conservazione della natura, dalla geologia all'antropologia, dalla prevenzione degli infortuni alla storia dell'arte.

Alla fine del corso, una volta superati gli esami, le nuove guide possono esercitare la professione in tutto il territorio regionale e condurre gli escursionisti attraverso boschi, sentieri e riserve naturali nel pieno rispetto dell'ambiente e con la necessaria competenza e professionalità.

In stretto rapporto con l'escursionismo è l'«orienteering» (o orientamento), uno sport nato in Svezia ma diventato ora molto popolare anche in Italia, che consiste in una gara di corsa all'interno di un bosco, con bussola e mappa topografica. Solo che l'orientamento, oltre che nei boschi, può essere praticato anche nei parchi cittadini e nei centri storici delle nostre città. I partecipanti devono arrivare al traguardo passando per tappe obbligatorie, chiamate «lanterne», che possono però raggiungere scegliendo la strada che pensano più idonea.

In Italia questa attività sportiva è la seconda per diffusione tra quelle praticate nelle scuole, perché può diventare facilmente interdisciplinare e interessare varie materie scolastiche. Lo studente impara ad orientarsi nello spazio, ad usare la bussola, a leggere una carta topografica, a prendere confidenza con la natura.

Ogni anno la FISO (Federazione Italiana Sport Orientamento) organizza un campionato nazionale e varie gare a tutti i livelli e per tutte le età.

rispondiamo sul testo

1. Perché sempre più persone dedicano il loro tempo libero all'escursionismo?
2. Dove hanno luogo in Toscana i corsi di formazione per guida ambientale escursionista?
3. Quanto durano i corsi e in quale periodo si svolgono?
4. Ricordi alcuni degli argomenti trattati durante le lezioni?

dizionario

ambiente: habitat
bosco: terreno coperto da alberi
bussola: strumento per individuare il Nord
condurre: portare, accompagnare
crescita: aumento
escursionista: chi fa gite in luoghi isolati
gara: competizione
guida: chi insegna la strada da seguire
infortunio: incidente
materia: argomento di studio
qualifica: titolo, ruolo
raggiungere: arrivare a
sentiero: piccola strada di campagna o montagna riservata solo al passaggio di uomini o animali
tappa: parte di un itinerario
tenersi: svolgersi, avere luogo
traguardo: punto d'arrivo
trattare: esporre, illustrare

1. L'«orienteering» è uno sport nato:
a. a Firenze
b. in Italia
c. in Svezia

2. L'«orienteering» può essere praticato anche:
a. da novembre a luglio
b. nei parchi cittadini
c. nelle scuole statali

3. Chi pratica questo sport usa la:
a. gara
b. tappa
c. bussola

4. Con l'«orienteering» gli studenti imparano a:
a. orientarsi nello spazio
b. disegnare una carta topografica
c. pulire i centri storici delle città

competenza linguistica

Trovare nell'articolo gli opposti dei seguenti aggettivi:

1. superficiale ....
2. superfluo ....
3. generale ....
4. iniziale ....
5. innaturale ....
6. largo ....
7. facoltativo ....
8. amatoriale ....
9. facile ....
10. vecchio ....

vero o falso?

v.   f.

□ □ 1. Chi supera l'esame finale del corso organizzato dalla Regione Toscana può esercitare la professione di guida in tutta Europa.

□ □ 2. L'«orienteering» non è molto popolare in Italia.

□ □ 3. Per l'«orienteering» è indispensabile l'uso di una mappa topografica.

□ □ 4. In questo sport le «lanterne» sono i premi riservati ai vincitori.

riassumere il testo

UN PICCOLO, GRANDISSIMO ALBERGO

Alessandro Coppini, gennaio 1996

Per «Travel and Leisure», la rivista di turismo più diffusa negli Stati Uniti con circa 35 milioni di lettori, «il migliore piccolo hotel del mondo» si trova in Italia. E' il San Pietro, un esclusivo piccolo grande albergo che domina dall'alto, nascosto tra i fiori, l'incantevole baia di Positano, perla della Costiera Amalfitana. La notizia dell'assegnazione del prestigioso riconoscimento è arrivata a casa Cinque Attanasio, la famiglia proprietaria dell'hotel, all'inizio di ottobre, quando il postino ha consegnato l'invito ufficiale per la premiazione, che si è svolta il 26 dello stesso mese a New York durante un colossale ricevimento a bordo del transatlantico «Queen Elizabeth II».

Il San Pietro, che come detto ha conquistato il primo posto nella sua categoria, si è piazzato anche in tredicesima posizione nella graduatoria assoluta, vinta quest'anno da The Oriental di Bangkok. Nei primi cento posti di questa classifica sono presenti altri otto alberghi italiani: Il Grand Hotel Villa d'Este di Cernobbio (in decima posizione), il Cipriani, il Gritti Palace e il Danieli di Venezia, l'Hassler di Roma, lo Splendido di Portofino, il Grand Hotel e l'Excelsior di Firenze.

La storia del San Pietro inizia nel 1970, quando Carlino Cinque, già proprietario del Miramare (un altro albergo nel centro di Positano molto apprezzato dalla clientela internazionale), decide di trasformare la propria casa, costruita otto anni prima, in hotel. Alla sua morte saranno i nipoti, Virginia e Salvatore Attanasio, a raccoglierne l'eredità e a trasmetterla poi ai figli di lei, Carlo e Vito Cinque.

Dopo varie trasformazioni, oggi l'Hotel San Pietro mette a disposizione dei propri ospiti camere straordinariamente curate in ogni particolare e corredate di bagni lussuosissimi; un ristorante con cucina di alta qualità situato su una terrazza da cui si gode un panorama splendido; una piscina e una spiaggia privata a cui si accede per mezzo di un comodo ascensore. L'hotel resta aperto sette mesi all'anno ed è necessario prenotare con un anticipo di almeno cinque mesi. Lo scorso anno, tanto per fare qualche nome, hanno soggiornato al San Pietro Tom Cruise e Michele Pfeiffer, Dustin Hoffman e Henry Ford, Sting e Margareth d'Inghilterra.

rispondiamo sul testo

1. Che cosa è «Travel and Leisure»?
2. Che premio ha vinto l'Hotel San Pietro di Positano?
3. Chi ha fondato questo albergo e quando?
4. Chi dirige adesso l'Hotel San Pietro?

dizionario

consegnare: dare, recapitare
corredato: provvisto, fornito
graduatoria: classifica
nascosto: coperto, non visibile
panorama: vista
prenotare: fissare, riservare
ricevimento: trattenimento, festa
riconoscimento: premio
rivista: pubblicazione periodica illustrata (settimanale, mensile ecc.)
svolgersi: avere luogo, succedere

scelta multipla

1. A Positano c'è:
a. un santuario
b. una baia
c. una grotta

2. L'Hotel Gritti Palace si trova a:
a. Venezia
b. Italia
c. Firenze

3. Prima della trasformazione in hotel, il San Pietro era:
a. un albergo
b. un ristorante
c. una casa

4. L'Hotel San Pietro resta aperto:
a. sette mesi all'anno
b. tutto l'anno
c. nove mesi all'anno

competenza linguistica

Formare il superlativo relativo e il superlativo assoluto dei seguenti aggettivi:

1. buona ....
2. prestigioso ....
3. lussuosi ....
4. comode ....
5. privato ....
6. aperta ....
7. grande ....
8. italiano ....

vero o falso?

v.   f.

☐ ☐   1. L'Hotel San Pietro si trova nel centro di Positano.

☐ ☐   2. Il fondatore del San Pietro aveva già un altro albergo.

☐ ☐   3. Virginia e Salvatore Attanasio sono i due figli di Carlino Cinque.

☐ ☐   4. L'Hotel San Pietro ha una spiaggia privata e bagni lussuosissimi.

riassumere il testo

PARTE PRIMA - ARTE E CULTURA

LE ATTRICI PIU' BRAVE
SCELTA MULTIPLA: 1. b – 2. b – 3. c – 4. b
COMPETENZA LINGUISTICA: 1. le nostre – 2. sua – 3. il suo – 4. la loro – 5. la sua – 6. suo – 7. il suo – 8. i suoi
VERO O FALSO?: 1. F – 2. V – 3. F – 4. V

FESTA DI COMPLEANNO PER «EURIDICE»
SCELTA MULTIPLA: 1. c – 2. b – 3. a – 4. b
COMPETENZA LINGUISTICA: 1. Degli (alcuni) uomini convenzionali – 2. Delle (alcune) famose fiorentine
3. Dei (alcuni) musicisti interessanti – 4. Delle (alcune) mogli infedeli – 5. Dei (alcuni) compositori lirici – 6. Delle (alcune) registe affermate – 7. Dei (alcuni) signori mantovani
VERO O FALSO?: 1. F – 2. V – 3. F – 4. V

LA NASCITA DELLA TELEVISIONE ITALIANA
SCELTA MULTIPLA: 1. c – 2. a – 3. c – 4. c
COMPETENZA LINGUISTICA: è stato – ha pronunciato – è seguita – si sono interrotte – ha proposto – è durato
VERO O FALSO?: 1. V – 2. V. – 3. F – 4. V

IL LIBRO DEI MUSEI
SCELTA MULTIPLA: 1. c – 2. b – 3. a – 4. a
COMPETENZA LINGUISTICA: 1. grande – 2. povero – 3. poco – 4. prossimo – 5. ultimo – 6. chiuso – 7. impossibile – 8. minore
VERO O FALSO?: 1. V – 2. F – 3. V – 4. F

ITALIANI A LONDRA
SCELTA MULTIPLA: 1.c – 2. c – 3. a – 4. b
COMPETENZA LINGUISTICA: 1. ha allestito – 2. è nato – 3. ha conosciuto – 4. hanno visitato – 5. ha comprato
VERO O FALSO?: 1. V – 2. V – 3. F – 4. F

DIECI GIOIELLI ITALIANI PER L'UNESCO
SCELTA MULTIPLA : 1. c – 2. b – 3. c – 4. a
COMPETENZA LINGUISTICA: 1. c – 2. d – 3. a – 4. e – 5. f – 6. b
VERO O FALSO?: 1. F – 2. V – 3. V – 4. F

NELLO SCRIGNO DELLE MERAVIGLIE
SCELTA MULTIPLA: 1. b – 2. c – 3. a – 4. c
COMPETENZA LINGUISTICA: 1. ha riaperto – 2. ha trasferito – 3. sono durati – 4. hanno riacquistato
5. abbiamo dovuto – 6. è tornata a mostrare con orgoglio uno dei suoi gioielli.
VERO O FALSO?: 1. F – 2. F – 3. V – 4. V

GLI UNIVERSITARI NON SANNO SCRIVERE
SCELTA MULTIPLA: 1. b – 2. b – 3. c – 4. b
COMPETENZA LINGUISTICA: soltanto – nemmeno – ora – tanti – fare – così – comporre – domanda
VERO O FALSO?: 1. F – 2. V – 3. F – 4. V

IL VOCABOLARIO DEI BAMBINI
SCELTA MULTIPLA: 1. b – 2. c – 3. c – 4. b
COMPETENZA LINGUISTICA: 1. ci/si – 2. quanta/quanto – 3. illustrato/illustrate – 4. data/dati – 5. dai/dagli.
VERO O FALSO?: 1. V – 2. F – 3. F – 4. V

PAROLE ITALIANE SU LABBRA INGLESI
SCELTA MULTIPLA: 1. c – 2. b – 3. c – 4. a
COMPETENZA LINGUISTICA: 1. spagnoli – 2. portoghesi – 3. francesi – 4. tedeschi – 5. olandesi – 6. belgi
7. svedesi – 8. austriaci – 9. greci – 10. polacchi
VERO O FALSO?: 1. F – 2. V – 3. V – 4. F

L'ITALIANO: UNA LINGUA RAZIONALE
SCELTA MULTIPLA: 1. b – 2. c – 3. b – 4. b
COMPETENZA LINGUISTICA: 1. per – del – nell' – dell' – all' – di – dell' – dei. 2. in – nel – della – per – di
VERO O FALSO?: 1. F – 2. V – 3. F – 4. V

IL PRIMO CORSO DI LINGUA NAPOLETANA
SCELTA MULTIPLA: 1. b – 2. a – 3. b – 4. c
COMPETENZA LINGUISTICA: 1. strano – 2. chiara – 3. onoraria – 4. superficiale (o populista o nostalgica)
5. autorevoli – 6. millenaria
VERO O FALSO?: 1. F – 2. V – 3. V – 4. F

A TAVOLA CON CATERINA DE' MEDICI
SCELTA MULTIPLA: 1. b – 2. a – 3. c – 4. b
COMPETENZA LINGUISTICA: Controllare sull'articolo

LA PRIMA «FESTA DELLA TOSCANA»
SCELTA MULTIPLA: 1. b – 2. c – 3. c – 4. b
COMPETENZA LINGUISTICA: 1. pena – 2. luogo – 3. seduta – 4. grazia – 5. lapide – 6. fuochi

LA NUOVA STAGIONE DELLA CANAPA
SCELTA MULTIPLA: 1. c – 2. b – 3. c – 4. c
COMPETENZA LINGUISTICA: Controllare sull'articolo
VERO O FALSO?: 1. F – 2. V – 3. V – 4. F

PARTE SECONDA - COSTUME

ANZIANI MA GIOVANISSIMI
SCELTA MULTIPLA: 1. b – 2. c – 3. a – 4. c

COMPETENZA LINGUISTICA: 1. fa – 2. va – 3. spende – 4. segue – 5. sottrae – 6. diventa

TUTTI ATTORI, REGISTI O GIORNALISTI
SCELTA MULTIPLA: 1. a – 2. b – 3. c – 4. a
COMPETENZA LINGUISTICA: 1. quella – 2, quel – 3. quei – 4. quel – 5. quell' – quegli – 7. quello –
8. quelle – 9. quello – 10. quell'
VERO O FALSO?: 1. F – 2. F – 3. V – 4. F

COM'E' COMODO VIVERE IN FAMIGLIA!
SCELTA MULTIPLA: 1. c – 2. b – 3. a – 4. c
COMPETENZA LINGUISTICA: 1. è invecchiata – 2. ha superato – 3. ha raggiunto – 4. è vissuto –
5. si sono sposati – 6. è diventata
VERO O FALSO?: 1. F – 2. F – 3. V – 4. V

UNO SU QUATTRO PREFERISCE L'ESTERO
SCELTA MULTIPLA: 1. b – 2. c – 3. a – 4. b
COMPETENZA LINGUISTICA: 1. andrebbe – 2. affascinerebbe / vorrebbe – 3. continuerebbe – 4. avrebbero

DICIASSETTE MILIONI DI SQUILLI
SCELTA MULTIPLA: 1. b – 2. c – 3. b – 4. c
COMPETENZA LINGUISTICA: 1. squillante – 2. teatrale – 3. cinematografico – 4. riservato – 5. telefonico
6. primaverile – 7. studentesco – 8. giornalistico – 9. scolastico – 10. problematico
VERO O FALSO?: 1. F – 2. V – 3. V – 4. F

LA NUOVA FILOSOFIA DELLO «SCAMBIO»
SCELTA MULTIPLA: 1. b – 2. b – 3. c – a
COMPETENZA LINGUISTICA: Controllare sull'articolo

L'INNATA ELEGANZA DELL'UOMO ITALIANO
SCELTA MULTIPLA: 1. b – 2. a – 3. b – 4. c
COMPETENZA LINGUISTICA: 1. sembra – 2. è – 3. riguarda / preferisce – 4. sono / bisogna – 5. fuggono

ALLA MODA SENZA RISCHIARE
SCELTA MULTIPLA: 1. c – 2. b – 3. b – 4. c
COMPETENZA LINGUISTICA: potevano / avevano frequentato / avevano seguito / comprendeva / c'era / superava / riceveva / permetteva

UN GALATEO PER CHI VA A MESSA
SCELTA MULTIPLA: 1. b – 2. c – 3. c – 4. a
COMPETENZA LINGUISTICA: 1. entri – 2. correre – 3. mettete – 4. chiacchieri – 5. abbiate – 6 – vestiti
VERO O FALSO?: 1. V – 2. F – 3. F – 4. V

GUARDIE DEL CORPO PER TUTTI
SCELTA MULTIPLA: 1. b - 2. b - 3. c – 4. a
COMPETENZA LINGUISTICA: 1. sono diventate - 2. è cresciuta – 3. ha analizzato - 4. hanno salvato - 5. ha assunto
VERO O FALSO?: 1. V – 2. V – 3. F – 4. F

ANDIAMO IN ITALIA A FARE SPESE
SCELTA MULTIPLA: 1. c – 2. a – 3. c – 4. b
COMPETENZA LINGUISTICA: Controllare sull'articolo

PARTE TERZA - CURIOSITA'

LA BUFFA ITALIA DELLE STATISTICHE
SCELTA MULTIPLA: 1. c – 2. c – 3. c – 4. a
COMPETENZA LINGUISTICA: 1. le / un – 2. un' / la – 3. le / le – 4. gli / il
VERO O FALSO?: 1. F – 2. V – 3. F – 4. F

A SCUOLA DI SPOGLIARELLO ARTISTICO
SCELTA MULTIPLA: 1. b – 2. c – 3. a – 4. c
COMPETENZA LINGUISTICA: 1. Le scuole italiane – 2. Gli spogliarelli artistici – 3. I presidenti federali – 4. Le idee originali – 5. Gli spettacoli sensuali – 6. Gli esami finali
VERO O FALSO?: 1. F – 2. F – 3. V – 4. V

VOGLIA DI UCCIDERE
SCELTA MULTIPLA: 1. c – 2. b – 3. b – 4. c
COMPETENZA LINGUISTICA: 1. ha fatto – 2. è cambiata / è diventata – 3. ha tradita /ha ucciso – 4. si è tolto / ha stretta
VERO O FALSO?: 1. V – 2. F – 3. F – 4. V

IN BICI SOTT'ACQUA
SCELTA MULTIPLA: 1. b – 2. b – 3. c – 4. c
COMPETENZA LINGUISTICA: 1. Questi sono dei nuovi sport estremi - 2. Degli (alcuni) uomini scalano delle (alcune) grandi montagne africane - 3. A Chiavari ci sono delle (alcune) grandi piscine olimpioniche - 4. Le agenzie pubblicitarie producono degli (alcuni) spot.
VERO O FALSO?: 1. F – 2. F – 3. F – 4. V

GLI ITALIANI CLANDESTINI A NEW YORK
SCELTA MULTIPLA: 1. a – 2. c – 3. b – 4. b
COMPETENZA LINGUISTICA: Controllare sull'articolo
VERO O FALSO?: 1. F – 2. F – 3. F – 4. F

IL SOGNO DI UN MATRIMONIO A VENEZIA

SCELTA MULTIPLA: 1. b – 2. c – 3. c – 4. c
COMPETENZA LINGUISTICA: 1. si sposeranno – 2. dovrà – 3. vorrà/spenderà – 4. potranno

LA BIRRA «FAI DA TE»

SCELTA MULTIPLA: 1. b – 2. c – 3. c – 4. a
COMPETENZA LINGUISTICA: 1. in cui – 2. che – 3. con cui – 4. di cui – 5. che – 6. per cui
VERO O FALSO?: 1. V – 2. V – 3. F – 4. F

L'ARTE DELL'ESPRESSO ALL'ITALIANA

SCELTA MULTIPLA: 1. b – 2. c – 3. b – 4. a
COMPETENZA LINGUISTICA: 1. facile – che – che – bene – 2. oro – italiana – formula – 3. questa – se – senza
VERO O FALSO?: 1. V – 2. F – 3. V – 4. V

LA FELICITA' IN UN VASETTO DI NUTELLA

SCELTA MULTIPLA: 1. b – 2. c – 3. c – 4. b
COMPETENZA LINGUISTICA: ha accompagnato – è stata – ha riempito – ha compensato – ha rovinato – ha fatto – è stata – ha seguito – ha scritto
VERO O FALSO?: 1. F – 2. V – 3. F – 4. F

LA VERA E UNICA PIZZA NAPOLETANA

SCELTA MULTIPLA: 1. b – 2. b – 3. b – 4. c
COMPETENZA LINGUISTICA: Controllare sull'articolo
VERO O FALSO?: 1. F – 2. V – 3. F – 4. V

COME SI DEVONO MANGIARE GLI SPAGHETTI?

SCELTA MULTIPLA: 1. b – 2. a – 3. c – 4. c
COMPETENZA LINGUISTICA: 1. cui – 2. che – 3. cui – 4. cui – 5. chi – 6. che / che
VERO O FALSO?: 1. V – 2. F – 3. F – 4. F

MINISTRO MA ANCHE FALEGNAME

SCELTA MULTIPLA: 1. a – 2. c – 3. b – 4. b
COMPETENZA LINGUISTICA:1. La pratica della clonazione degli esseri umani è applicata da lungo tempo. 2. Ogni giorno nascono polemiche sulla riforma dello Stato sociale. 3. Un Giovanni Agnelli fa il contadino in provincia di Piacenza. 4. C'è poi un Luciano Violante che dirige uno stabilimento balneare vicino a Pescara.
VERO O FALSO?: 1. F – 2. V – 3. V – 4. F

UN NUMERO ENORME DI «FALSI» PADRI

SCELTA MULTIPLA: 1. c – 2. b – 3. b – 4. b
COMPETENZA LINGUISTICA: Controllare sull'articolo
VERO O FALSO?: 1. F – 2. F – 3. V – 4. V

SAN VALENTINO, IL PAESE DELLE ZITELLE

SCELTA MULTIPLA: 1. c – 2. b – 3. a – 4. b
COMPETENZA LINGUISTICA: 1. avremo / chiameremo – 2. favorirà – 3. risponderai / parlerà – 4. approveranno – 5. raggiungerete
VERO O FALSO?: 1. F – 2. V – 3. V – 4. V

IL TEMPO IN CITTA'

SCELTA MULTIPLA: 1. c – 2. b – 3. a – 4. a
COMPETENZA LINGUISTICA: Controllare sull'articolo
VERO O FALSO?: 1. F – 2. V – 3. F – 4. V

PARTE QUARTA - PERSONE

IL MATRIMONIO DI LUCIANO PAVAROTTI
SCELTA MULTIPLA: 1. b – 2. a – 3. b – 4. c
COMPETENZA LINGUISTICA: 1. i mariti e le mogli – 2. i padri e le figlie – 3. i carabinieri e i vigili urbani – 4. gli artisti e i tenori – 5. gli amici e i cugini – 6. le celebrità e gli invitati
VERO O FALSO?: 1. F – 2. V – 3. F – 4. V

UN GRAZIE ALLA FRANCIA PER IL PACS
SCELTA MULTIPLA: 1. b – 2. c – 3. a – 4. c
COMPETENZA LINGUISTICA: 1. è stata – 2. è stata – 3. sono stati – 4. è stato – 5. sono state
VERO O FALSO?: 1. F – 2. V – 3. F – 4. F

LA BAMBINA PIU' PICCOLA DEL MONDO
SCELTA MULTIPLA: 1. a – 2. c. – 3. a – 4. c
COMPETENZA LINGUISTICA: Controllare sull'articolo
VERO O FALSO?: 1. V – 2. F – 3. F – 4. V

NIKY, IL PRIMO ALUNNO VIRTUALE
SCELTA MULTIPLA: 1. b – 2. a – 3. c - 4. a
COMPETENZA LINGUISTICA: 1. l' / un – 2. la / una – 3. l' / un' – 4. il / un – 5. il / un – 6. il / un – 7. la / una – 8. la / una - 9. lo / uno - 10. il / un
VERO O FALSO?: 1. F – 2. V – 3. F – 4. F

LA CAPPELLA SISTINA DI MANCHESTER
SCELTA MULTIPLA: 1. c – 2. c – 3. b – 4. c
COMPETENZA LINGUISTICA: faceva – soddisfaceva – si è messo – ha trovato – è diventato – era – ha deciso – ha aperto
VERO O FALSO?: 1. F – 2. F – 3. V – 4. F

LA PRIMA DONNA SUL PODIO DELLA SCALA
SCELTA MULTIPLA: 1.c – 2. b – 3. c – 4. b
COMPETENZA LINGUISTICA: 1. Questi sono i più importanti teatri lirici italiani - 2. Un importante artista ha assistito allo spettacolo - 3. Abbiamo ascoltato delle (alcune) opere di alcuni compositori contemporanei – 4. E' un'opera di indubbia qualità artistica
VERO O FALSO?: 1. F – 2. V – 3. V – 4. F

DONNA PRETE NELLA CITTA' DEL PAPA
SCELTA MULTIPLA: 1. c – 2. b – 3. a – 4. b
COMPETENZA LINGUISTICA: Controllare sull'articolo
VERO O FALSO?: 1. V – 2. F – 3. F – 4. F

DALL'ALASKA ALLA TERRA DEL FUOCO
SCELTA MULTIPLA: 1. b – 2. b – 3. a – 4. c
COMPETENZA LINGUISTICA: Controllare sull'articolo
VERO O FALSO?: 1. F – 2. V – 3. F – 4. F

PARTE QUINTA - SOCIETA'

I LETTORI PIU' PIGRI
SCELTA MULTIPLA: 1. b – 2. c – 3. c – 4. b
COMPETENZA LINGUISTICA 1. la – 2. le – 3. lo – 4. la – 5. li
VERO O FALSO?: 1. F – 2. V – 3. F – 4. F

LA NUOVA MOGLIE IDEALE
SCELTA MULTIPLA: 1.b - 2.c – 3.a – 4.c
COMPETENZA LINGUISTICA: 1.una – 2.una – 3.un – 4.un' – 5. un – 6. un – 7. una – 8. un' – 9. un – 10. uno
VERO O FALSO?: 1. F – 2. V – 3. F – 4. V

I PIÙ AMATI SONO I CARABINIERI
SCELTA MULTIPLA: 1. c – 2. a – 3. a – 4. b
COMPETENZA LINGUISTICA: 1. Un campione significativo - 2. Un'istituzione apolitica - 3. Una sensibile diminuzione - 4. Un analogo sondaggio - 5. Un giudizio negativo - 6. Una valutazione positiva - 7. Un ambulatorio specialistico
VERO O FALSO?: 1. F – 2. F – 3. F – 4. V

UN POPOLO DI ANSIOSI
SCELTA MULTIPLA: 1. b – 2. a – 3. c – 4. b
COMPETENZA LINGUISTICA: Controllare sull'articolo

IL NUOVO BAMBINO
SCELTA MULTIPLA: 1. b – 2. b – 3. a – 4. c
COMPETENZA LINGUISTICA: 1. piace – 2. piacciono – 3. piacciono – 4. piace – 5. piace – 6. piacciono

IL NUOVO CODICE DELLA STRADA
SCELTA MULTIPLA: 1. b. – 2. c – 3. a – 4. c
COMPETENZA LINGUISTICA: Controllare sull'articolo
VERO O FALSO?: 1. V – 2. F – 3. F – 4. V

DODICI DIVORZI OGNI CENTO MATRIMONI
SCELTA MULTIPLA: 1. b – 2. b – 3. a – 4. b
COMPETENZA LINGUISTICA: 1. La domanda di divorzio - 2. I matrimoni falliti - 3. Le coppie resistenti - 4. La forte riduzione - 5. I detti popolari – 6. Gli uomini separati - 7. Il divorzio consensuale - 8. Le procedure veloci

GLI SCHIAVI DEL GIOCO D'AZZARDO
SCELTA MULTIPLA: 1. c – 2. c – 3. a – 4. b
COMPETENZA LINGUISTICA: 1. più/delle – 2. sia/che – 3. più/che – 4. più/dei – 5. più/che
VERO O FALSO?: 1. F – 2. F – 3. F – 4. V

FAMIGLIA, AMORE E AMICIZIA
SCELTA MULTIPLA: 1. b – 2. c – 3. b – 4. b
COMPETENZA LINGUISTICA: Controllare sull'articolo
VERO O FALSO?: 1. F – 2. V – 3. F – 4. V

FARE LA MAMMA E' IL LAVORO PIU' BELLO
SCELTA MULTIPLA:1. b – 2. b – 3. b – 4. c
COMPETENZA LINGUISTICA: 1. bella – 2. bei – 3. bella – 4. bel – 5. bei – 6. belle – 7. begli – 8. bel
VERO O FALSO?: 1. F – 2. V – 3. F – 4. F

QUANDO L'UFFICIO DIVENTA UN INFERNO
SCELTA MULTIPLA: 1. b – 2. c – 3. a – 4. a
COMPETENZA LINGUISTICA: 1. subivano – 2. si divertiva – 3. avevi / eri – 4. suggerivamo – 5. affermavate / era – 6. sapevo

INSONNIA, STANCHEZZA E DEPRESSIONE
SCELTA MULTIPLA: 1. b – 2. b – 3. b – 4. c
COMPETENZA LINGUISTICA: 1. ha avuto – 2. sono state – 3. è stato – 4. avete avuto – 5. sono state – 6. ho avuto
VERO O FALSO?: 1. F – 2. F – 3. V – 4. V

STRANIERI A SCUOLA
SCELTA MULTIPLA: 1. b – 2. b – 3. a – 4. c
COMPETENZA LINGUISTICA: 1. la – 2- gli – 3. le – 4. l' – 5. i – 6. lo – 7. il – 8. la – 9. i – 10 la
VERO O FALSO?: 1. F – 2. V – 3. F – 4. F

UN LIBRETTO CONTRO LE AGGRESSIONI

SCELTA MULTIPLA: 1. b – 2. c – 3. c – 4. b

COMPETENZA LINGUISTICA: 1. spegnere – 2. lasci – 3. usate – 4. metta – 5. ricordati – 6. urlare – 7. fermatevi

VERO O FALSO?: 1. F – 2. F – 3. V – 4. F

INFANZIA E ADOLESCENZA IN ITALIA

SCELTA MULTIPLA: 1. b – 2. c – 3. a – 4. c

COMPETENZA LINGUISTICA: Controllare sull'articolo

UN CONTO BANCARIO PER I MUSULMANI

SCELTA MULTIPLA: 1. c – 2. b – 3. c – 4. b

COMPETENZA LINGUISTICA: 1. torinesi – 2. milanesi – 3. genovesi – 4. palermitani – 5. veneziani – 6. baresi – 7. romani – 8. fiorentini – 9. napoletani – 10. bolognesi – 11. perugini – 12 cagliaritani

VERO O FALSO?: 1. F – 2. V – 3. V – 4. V

PARTE SESTA - TURISMO E TEMPO LIBERO

UN DOLCE ALBERGO

SCELTA MULTIPLA: 1. b – 2. c – 3. a – 4. b

COMPETENZA LINGUISTICA: Controllare sull'articolo

VERO O FALSO?: 1. F – 2. F – 3. V – 4. V

ALLA RICERCA DEI TESORI NASCOSTI

SCELTA MULTIPLA: 1. c – 2. b – 3. b – 4. c

COMPETENZA LINGUISTICA: 1. c'è – 2. ci sono – 3. c'è – 4. ci sono – 5. c'è – 6. ci sono problemi

VERO O FALSO?: 1. F – 2. F – 3. V – 4. V

LA SCOPERTA DI CONVENTI E ABBAZIE

SCELTA MULTIPLA: 1. c – 2. b – 3. b – 4. b

COMPETENZA LINGUISTICA 1. Voglio passare le mie vacanze in un luogo alla moda - 2. Il turismo religioso ha già numerosi estimatori affezionati - 3. Quel monastero di Camogli accoglie ospiti da maggio a ottobre - 4. Venezia è una meta privilegiata del turismo di massa.

VERO O FALSO?: 1. F – 2. V – 3. V – 4. F

EDUCAZIONE E DIVERTIMENTO

SCELTA MULTIPLA: 1. b – 2. c – 3. a – 4. a

COMPETENZA LINGUISTICA: 1. Gli uomini lavorano – 2. Le gru trasportano – 3. Le pale funzionano – 4. Le città stancano – 5. I giochi divertono – 6. I parchi rilassano – 7. Gli specchi riflettono – 8. Le formiche camminano.

VERO O FALSO?: 1. F – 2. F – 3. V – 4. V

L'ESCURSIONISMO E L'ORIENTAMENTO

SCELTA MULTIPLA: 1. c – 2. b – 3. c – 4. a.

COMPETENZA LINGUISTICA: 1. profondo – 2. necessario – 3. particolare – 4. finale – 5. naturale – 6. stretto 7. obbligatorio – 8. professionale – 9. difficile – 10. nuovo

VERO O FALSO?: 1. F – 2. F – 3. V – 4. F

UN PICCOLO, GRANDISSIMO ALBERGO

SCELTA MULTIPLA: 1. b – 2. a – 3. c – 4. a

COMPETENZA LINGUISTICA: 1. la più buona (la migliore) / buonissima (ottima) - 2. il più prestigioso / prestigiosissimo - 3. i più lussuosi / lussuosissimi - 4. le più comode / comodissime - 5. il più privato / privatissimo - 6. la più aperta / apertissima - 7. il/la più grande (il/la maggiore) / grandissimo/a - 8. il più italiano / italianissimo

VERO O FALSO?: 1. F – 2. V – 3. F – 4. V

ARTE E CULTURA

COSTUME

CURIOSITA'

PERSONE

SOCIETA'

TURISMO E TEMPO LIBERO

CHIAVI

finito di stampare nel mese
di giugno 2006